María Murnau y Helen Sotillo

Feminismo ilustrado

Ideas para combatir el machismo

montena

Papel certificado por el Forest Stewardship Council®

MIXTO
Papel procedente de fuentes responsables
FSC® C117695

Primera edición: noviembre de 2017
Cuarta reimpresión: febrero de 2018

Printed in Spain – Impreso en España

ISBN: 978-84-9043-840-4
Depósito legal: B-20.826-2017

Compuesto en Mi Maquetación, S. L.

Impreso en Talleres Gráficos Soler
Esplugues de Llobregat (Barcelona)

GT 3 8 4 0 4

Penguin Random House Grupo Editorial

A mis padres por enseñarme con su ejemplo
a responder ante las injusticias.
A María, por aprender de ella y con ella.

H. S.

A mi madre, mi hermana y mi abuela por su apoyo incondicional.
A Helen por haber hecho este camino mucho más interesante.

M. M.

Patriarcado

Sistema político, económico, religioso y social basado en el privilegio de los hombres sobre las mujeres.

Patriarcado

Patriarcado es una palabra que suena antigua y académica.

¡ATENCIÓN!
Si la usas mucho puede que te cuelguen el cartelito de pedante.

Parece un concepto algo complicado, pero en realidad es muy sencillo. **El patriarcado es la estructura de la sociedad que coloca a los hombres por encima de las mujeres.** Es decir, que todos los puestos importantes (política, instituciones, religión, etc.) desde los que se toman las decisiones sobre cómo debe ser el futuro están ocupados por los hombres. Por tanto, queriéndolo las más de las veces y sin quererlo algunas, las decisiones se toman en función de sus intereses.

Esto siempre ha sido así, el patriarcado es por consiguiente la forma de opresión más antigua. Con el paso de los siglos las sociedades han ido avanzando, también en este tema. Y efectivamente, en algunas partes del mundo, las mujeres y los hombres son iguales ante la ley. Pero ahí está la clave: "ante la ley".

Patriarcado

La legalidad puede despistar bastante. La puesta en marcha de leyes de igualdad no asegura que no vaya a haber discriminación. Igual que existen leyes que prohíben robos y asesinatos, y no por eso dejan de cometerse. De hecho, y aunque esto pueda dejaros boquiabiertos: ¡hasta existen leyes anticorrupción! Qué locura, ¿eh?

> No podemos dejarnos engañar por el fantasma de la legalidad. Las leyes por sí solas no pueden cambiar una sociedad, hay que aplicarlas con convicción. Si nos guiamos por ellas podemos caer en el error de creer que la desigualdad ya es historia, y eso no es cierto.

Es verdad que podemos mirar a nuestro alrededor y ver que hay mujeres presidentas, que dirigen bancos y que tienen negocios; también están en la universidad, en los hospitales, en los juzgados... ¡Incluso en el fútbol y los medios de comunicación! Estos espacios se han reservado tradicionalmente a los hombres, ¡y ahora ahí están ellas también! Mujeres brillantes y preparadas. Siendo optimistas, este panorama tranquiliza un poco.

Algo estamos consiguiendo. Nos dejamos llevar por los cantos de sirenas y nos ilusionamos con un patriarcado de-

bilitado... De hecho, un montón de gente piensa que vivimos en una sociedad igualitaria, pero no. Sentimos ser aguafiestas, pero alguien tenía que decirlo.

En primer lugar, afirmar que existe la igualdad en toda la sociedad, basándonos en la experiencia y el triunfo de unas pocas mujeres no tiene mucho sentido. Cada una ha tenido unas circunstancias concretas que no tienen por qué corresponderse con las del resto de la gente. Al fin y al cabo, la realidad de una sociedad es la de la mayoría. Que existan esas mujeres ocupando esos puestos no significa que su presencia ya esté normalizada ni que su voz valga lo mismo que una masculina. Tampoco que su camino hasta la cumbre haya sido igual de fácil que el de un hombre.

Patriarcado

Como hemos aprendido con la corrupción, las leyes son palabras en un papel, que luego a la hora de la verdad se pueden ignorar. Con las de igualdad pasa lo mismo. ¿Alguna vez has contado cuántos hombres y mujeres hay en los puestos donde se toman de verdad las decisiones importantes? ¿Quiénes deciden nuestro futuro? Aquí te traigo algunos datos para que les eches un vistazo, quizá las cuentas salgan un poco masculinas.

Rectores en las universidades públicas
Ministerio de Educación

Mujeres IBEX 35
INE 2014

Altos cargos en los medios de comunicación
Global Report

Magistrados del Tribunal Supremo
Sección de Estadística del Consejo General del Poder Judicial

Ministros
Inter-Parlamentary Union and UN Women. Women in Politics, 2015

Patriarcado

No es casualidad. Son muchos años así, el género masculino lo domina todo. Son hombres elegidos por otros hombres los que ocupan esos puestos. Y cuando tienen que elegir, tienden a escoger a otros hombres.

Mientras tanto, las mujeres han ido conquistando derechos mediante una larga lucha que dura hasta nuestros días. Hay que perder el miedo a esta palabra: ¡lucha! Es la que mejor define el camino o, más bien, laberinto de obstáculos que supone conquistar un terreno que sabes que te corresponde. Y qué demonios, ¡la única que hace justicia!, porque no ha sido un paseíto sin más.

Estas guerreras han presionado al patriarcado y se ha visto obligado a ceder. Pero las raíces llegan muy lejos, han tenido demasiado tiempo para estar a sus anchas con privilegios a los que no van a renunciar así de primeras. Además tienen muchos aliados, por ejemplo, los medios de comunicación.

En lugar de decirle a las mujeres a la cara: "Sois unas lelas incompetentes y este sillón es mío", que es lo que han hecho siempre, lo hacen de forma sutil. Por ejemplo, diciendo: "No es que no puedan hacerlo, es que no están interesadas".

Patriarcado

Mientras los hombres en sus butacas ejercen la máxima resistencia, como un perro agarrando su hueso favorito, mandan mensajes a través de la tele, la publicidad, el cine, la música, etc.

Algo más o menos como esto:

Queridas mujeres:

Vosotras sois dulces, cariñosas y empáticas.

Tenéis una facilidad especial para poneros guapas y sonreír.

Nosotros, en cambio, somos unos desastres a quienes nos gusta mandar y pelear, pero no somos nada sin vuestros consejos y cuidados. En realidad mandáis vosotras.

Si, al final, con vuestras armas de mujer hacéis lo que queréis con nosotros...

Patriarcado

Para no pillarse los dedos, les otorgan un falso poder llamado "armas de mujer", que básicamente consiste en convencer mediante la seducción.

Primero hipersexualizan el cuerpo de la mujer, convirtiéndolo en un objeto de deseo y construyéndolo a su antojo. Moldeándolo en función de lo que quieren ellos. Después, como mucho, te permiten explotar esa sexualización, de la que también se benefician ellos, para conseguir algo. Aun así, absolutamente nada garantiza que la mujer vaya a salirse finalmente con la suya.

Esta figura se popularizó con las películas de Hollywood de los años cuarenta. Era conocida como la *femme fatale*. Se representaba como una villana que usaba su sexualidad insaciable para embaucar a los pobres hombres que, incapaces de controlar sus deseos, podían llegar a hacer cualquier cosa por ellas.

Si pudieras escoger entre esa vía y la que tienen ellos, que es pedir directamente lo que quieren, ¿qué elegirías? ¿Quién se conformaría con una estrategia hipócrita que implica entregar algo a cambio de que te escuchen? ¿No es más justo que todas las personas puedan pedir libremente, en voz alta y clara? Por supuesto sabemos que la respuesta es sí, lo mires por donde lo mires.

Y ahora ¿qué?

Pues sí, está el tema complicado. Ahora ¿qué? Ya conocemos lo que es el patriarcado y cómo funciona la sociedad. Hemos descubierto que su estrategia ha cambiado: es más fuerte permaneciendo en la sombra. Antes decían directamente a las mujeres que eran inferiores; ahora, como no pueden hacer eso, adornan el discurso haciéndoles creer todo lo contrario.

No podemos evitar preguntarnos cómo y cuándo podremos acabar con el patriarcado y con la desigualdad. Primero, tenemos que ser conscientes de que es un proceso larguísimo. El enemigo es muy fuerte y, además, tiene a su disposición aliados tan grandes como las instituciones religiosas y los medios de masas. El paso del tiempo, las pioneras que han logrado llegar y las nuevas tecnologías que consiguen unir a las personas para hacer grandes cosas son nuestras armas. No hay una fórmula mágica, pero hay quien lleva más camino recorrido, así que para empezar podemos mirar hacia los países más igualitarios: los del norte de Europa, con Islandia a la cabeza.

Patriarcado

Un acontecimiento en Islandia que marcó un antes y un después en la lucha por los derechos de las mujeres: el 24 de octubre de 1975 hubo una huelga de mujeres convocada por las Red Stockings (Medias Rojas), un movimiento feminista radical fundado en 1970. Ese viernes el 90% de las mujeres salieron a las calles a manifestarse en vez de ir al trabajo, cuidar de los hijos o hacer las tareas de casa. Estaban hartas de que su trabajo se "diera por sentado". El país se colapsó y los hombres pudieron ver el peso real que las mujeres tenían en la sociedad.

Las mujeres que se reunieron se dieron cuenta de que a pesar de tener el voto desde sesenta años antes, tan solo hubo nueve mujeres en el Parlamento en esas seis décadas. Sabían echar la cuenta y no se conformaban con representación "simbólica". La conclusión fue clara: la igualdad legal no garantizaba la igualdad real. Tiene que haber mujeres en los espacios de poder para que puedan cambiar las cosas.

En 1980, Vigdis Finnbogadottir se convirtió en la primera mujer presidenta de Islandia y del mundo. A día de hoy, en el Parlamento islandés hay un 44% de mujeres y el país está siempre a la cabeza en todos los estudios sobre igualdad de género desde hace años. A nivel de leyes de igualdad, también es impecable y ocupa uno de los primeros puestos en calidad de vida.

¿Esto quiere decir que las mujeres deberían estar siempre representadas al 50% en los lugares de poder? Bueno, es una buena pregunta. ¿Qué porcentaje de la población hay masculino y femenino? Exactamente un 49%, así que, bueno, quizá la representación de las mujeres no debe ser del 50%, pero casi. No tiene sentido dejar a la mitad de la población fuera del ámbito de decisiones que nos afectan a todos.

Patriarcado

¿Debe influir el género en lugar de los méritos a la hora de darle el puesto a alguien? Por supuesto que no. Escoger en función del mérito es lo ideal, solo si todos los aspirantes han tenido las mismas oportunidades para llegar hasta ahí. Pero ya hemos visto que eso no es cierto. No solo eso, sino que actualmente ya se viene decidiendo en favor de un género: el masculino.

Además, decir que debería ser por méritos es lo mismo que decir que no hay suficientes mujeres competentes como para ocupar el 50% de nada. O que la mayoría de los hombres son más capaces que cualquier mujer. Un poco peligroso ese argumento, ¿no te parece?

Una cosa es evidente: para que entren las mujeres, alguien tiene que salir. El género masculino no quiere perder la situación de privilegio de la que ha disfrutado a lo largo de toda la historia del ser humano. Y lo entendemos. Pero hay malas noticias para el patriarcado: las mujeres están llamando a la puerta y su paciencia se está acabando. De hecho, deberían ser ellos mismos quienes se dieran cuenta de que han estado abusando de su situación de poder. Y nadie quiere ser ese tipo de persona. O no debería.

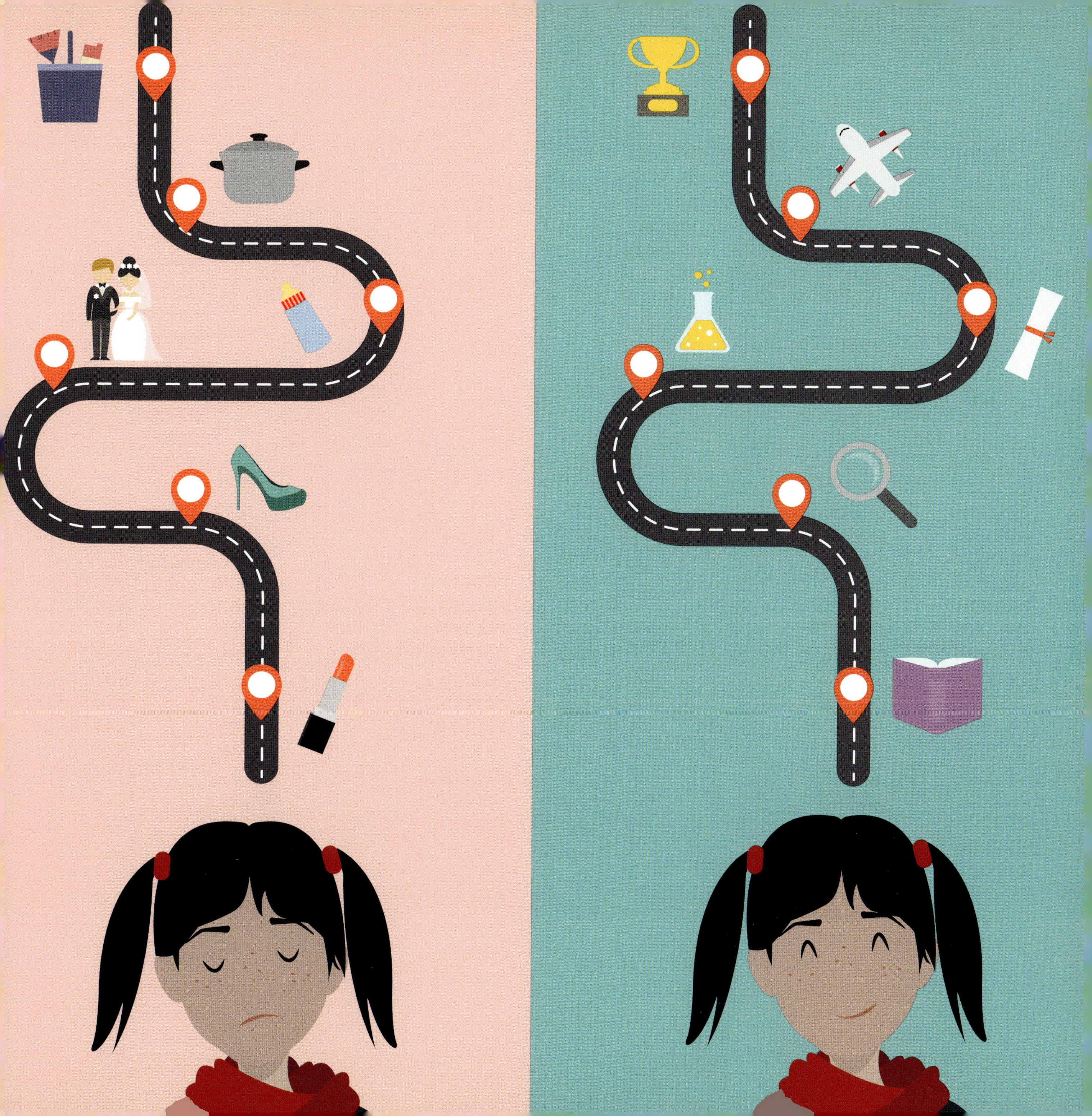

Hasta el momento, la única fórmula efectiva y comprobada para disminuir la desigualdad entre hombres y mujeres es que haya una representación igualitaria en las instituciones y los órganos de poder. Así, las propias políticas podrán disponer de las herramientas necesarias para conseguir una igualdad real.

Además, es muy absurdo dejar de lado el potencial y las capacidades de la mitad de la población. Es como ser el director de recursos humanos de una empresa y negarte a dar trabajo a la mitad de tus empleados, a pesar de tenerlos ahí.

Pero al final lo más importante es mirar al futuro: las nuevas generaciones de niñas necesitan nuevos referentes, y los niños tienen que nacer en un mundo donde ser presidenta sea algo posible.

Si nos ponemos en la mente de una niña, hasta la actualidad el patriarcado le ha lanzado el mensaje de que debe aspirar a la maternidad, cuidar a la familia, permanecer en casa, cuidar su imagen..., en vez de animarla a llegar lo más lejos que pueda, a no ponerse límites a lo que puede hacer, a perseguir lo que quiera. Exactamente igual que lo que se le dice a un niño.

Patriarcado

Hace algo más de un siglo parecía una utopía que las mujeres pudieran votar, pero lucharon valientemente durante años y lo consiguieron. También lo era que asistieran a la universidad, ocuparan cargos públicos, fueran juezas ¡o incluso que viajaran al espacio! Si hemos llegado hasta donde estamos, es porque hubo pioneras que creyeron que no había que luchar por la igualdad porque fuésemos a conseguirla algún día, sino porque era lo justo. Y porque hubo hombres que vieron que lo que esas mujeres decían tenía todo el sentido del mundo.

Así que sí, las utopías pueden convertirse en realidad. Creer que algo es imposible es el primer paso para no conseguirlo. Cambiar la jerarquía no es una opción, es una obligación de todas las personas, estén donde estén. Una vez que abrimos los ojos y vemos la desigualdad, no tenemos excusa para no luchar contra ella.

Machismo

Discurso y actitud basados en que los hombres son superiores a las mujeres.

Machismo

Para que te hagas una idea clara de lo que es el machismo en la práctica, sin usar palabras raras, es todo aquello que promueve una visión inferior de las mujeres. Es decir, desde los comentarios inocentes (a primera vista), como “eso no es para niñas” o “se te va a pasar el arroz”, hasta la presión sobre sus cuerpos inflingida con un bombardeo constante de anuncios para que modifiquen su apariencia.

Estos comportamientos machistas no son solo propios de algunos energúmenos, que también. No, estos comportamientos tienen muchos tamaños y formas y están por todas partes. Los hemos aprendido casi sin darnos cuenta porque esta sociedad es machista. Como hemos visto antes, el patriarcado es la estructura, ¿no? Pues lo que la mantiene vivita y coleando es el machismo. Mientras las personas piensen, digan y hagan asumiendo que las mujeres son inferiores, ellas lo seguirán creyendo, y la jerarquía seguirá intacta. Patriarcado y machismo forman un gran dúo dinámico, ¿verdad? Lo tienen todo bien montado, ¿eh? Para abreviar, a la mezcla de ambos podéis llamarlo *machirulado*.

“Pero ¡qué exageración!”, “Ves machismo por todas partes”, “No todo el mundo es machista”. No a las tres. Todo el mundo es machista porque esa es la educación que recibimos. No importa que tu madre fuera una revolucionaria de los años setenta, asistiera a todas las asambleas del campus sobre la liberación de la mujer y quemara sujetadores. La educación de la familia no es la única que se recibe. Aprendemos de la televisión, del cine, de la publicidad, del colegio, de las revistas, de los anuncios, ¡hasta de los pósteres que decoraban tu habitación cuando eras peque!

De forma inconsciente, todas las personas reproducen una y otra vez estas actitudes. Hay que pensar mucho en lo que esconden nuestras palabras para percatarnos de su influencia y dejar de usarlas. Por ejemplo, una abuela le dice a su nieto que "los niños no lloran". Sin darse cuenta, lo que está diciendo en el fondo es que llorar es algo que hacen las niñas porque son débiles y que parecer una niña es algo malo. Y la abuela no quería decir nada de eso. Pero lo dice. Sin darse cuenta, lo dice.

Tampoco puedes liársela a tu abuela porque diga cosas como esta, la mujer ya es mayor y es lo que lleva escuchando toda la vida. En la escala de peligrosidad está en lo más bajo: su nivel de machismo es inofensivo. Al que hay que atacar frontalmente es al machismo rancio y al neomachismo. El primero es el machismo de toda la vida, el que se ve venir de lejos y se manifiesta en cualquier sitio: una comida, una clase, la calle o un programa de la tele (sí, estamos pensando en el mismo cantante de rancheras, reciclado a presentador, reciclado a nuevo líder de opinión). El segundo es el disimulado, el políticamente correcto, la versión 2.0, el que te la suelta envuelta en mil lacitos, el que parecía el más progre de la mesa y te deja a cuadros.

Machismo clásico

Es el más fácil de detectar. Se piensa que estas cosas ya no pasan gracias al paso del tiempo y a las leyes de igualdad. MEEEEEEC... ¡Error! Puedes encontrarlo actualmente en cualquier sitio. Un ejemplar ibérico de difícil extinción.

En una obra, el clásico. Existe la creencia de que las mujeres necesitan la aprobación constante de su físico por parte de desconocidos, los albañiles parecen llevarlo por bandera. Evidentemente, la intención no es halagar, y si así fuera, puede verse en la reacción de las mujeres que eso no es precisamente lo que ha pasado. O a lo mejor ahora resulta que es que muchas mujeres responden: “¡Gracias!”, “¡Igualmente, caballero!”, “¡Qué considerado!”. ¿A que no? La respuesta habitual es el silencio y andar más deprisa, y alguna valiente incluso le responderá: “¡Salido!”, pero todavía son pocas.

Una terraza de un bar cualquiera también es el hábitat natural de los machirulos. Estos lugares variopintos lo ocupan diferentes especímenes. Antes era el viejo verde el que dominaba, pero hay una nueva generación de piropistas buenrolleros.

Se disfrazan de formas muy dispares, pero tienen un patrón de conducta común que han aprendido de sus predecesores: esperar a que las mujeres pasen para que no vean quién lo ha dicho (muy valiente por su parte). Por suerte, esta táctica pierde efecto cuando la mujer se gira. Es fácil identificar al tonto de turno.

Y aunque esto no viene exactamente a cuento en este capítulo, vamos a pararnos un momento. Porque en este libro no vamos a hablar solo de lo que pasa, vamos a hablar de qué podemos hacer nosotras frente a lo que pasa.

Así que, en este caso, hemos elaborado una lista de sus reacciones más habituales paso por paso, para que las mujeres pierdan el miedo a defenderse de estas cosas.

1. Negación: "¿Yo? Yo no he dicho nada".
Hay que insistir un poco, al final lo acaban reconociendo.
2. Confusión: "Hemos dicho eso, pero no era a ti".
Qué casualidad, amigo.
3. Ataque verbal: "¿A ti cómo te voy a decir eso con lo fea/gorda/cara de mono que tienes?".
Insulto + humillación, marca de la casa.

Aquí es cuando hay que dar rienda suelta a la imaginación y soltar todo lo que venga a la mente mientras, con seguridad, se da una media vuelta y sentencia dejando claro que lo que el machirulo ha hecho es inapropiado, machista y maleducado.

Y cuando decimos que el machismo está fuertemente enraizado en las estructuras de nuestra sociedad, queremos decir que opera de formas muy evidentes (como las que acabamos de ver) y también de formas más sutiles. Por ejemplo: las carreras universitarias no prohíben ya la entrada a las mujeres, eso es cierto. Pero hay algunas dinámicas perversas que siguen operando.

En la universidad puedes pasar por una clase de ingeniería industrial, la típica carrera relacionada con la inteligencia y la constancia, y por cualquiera de educación infantil, asociada a los cuidados y la crianza. Ahora cuenta el número de alumnos y alumnas. ¡Sorpresa! Sí, hay un gran dominio en la primera del género masculino y en la segunda, del femenino. Casualmente coincide con las actitudes asignadas históricamente a cada uno: él la razón y ella la empatía.

La oficina es un buen lugar para fijarse en estas cosas. Sobre el papel, las mujeres se han incorporado de manera totalmente natural al mundo laboral. En la realidad, en la oficina se alcanzan muchas cotas de machismo, es un ecosistema muy completo. Para empezar, la mayoría de los jefes son hombres. Esto se debe al techo de cristal: barreras invisibles que impiden que las mujeres accedan a puestos importantes. Con barreras invisibles quiero decir que los hombres que eligen quiénes van a ocupar esos puestos creen que ellas lo van a hacer peor, básicamente. O que, cuando piensan en alguien de confianza para un puesto, invariablemente piensan en hombres.

Por no hablar de los sueldos, absolutamente todos los estudios que se realizan sobre esto coinciden en que hay una brecha salarial que ronda el 24%. Esto supone que las mujeres trabajan unos tres meses gratis si lo comparamos con sus compis de curro hombres.

Por otra parte, en cualquier edificio, el personal de limpieza lo forman mujeres en su gran mayoría. Existe también la creencia popular de que ellas limpian mejor. Ajá. Si lo pensamos bien... ¿Qué hace falta para limpiar? Manos y ojos, así que cualquiera puede limpiar. O será que a las agencias de limpieza acuden mujeres con habilidades especiales. Algo así como una superheroína que lucha contra la suciedad:

SUPERCLEAN
SUPER-ELASTICIDAD
VISIÓN X DETECTA POLVO
HIPER-VELOCIDAD
#16

Machismo

Pero el machismo no solo está en los lugares de negocio, también está en los de ocio. En las discotecas hay un montón de tíos pesados, que no se dan cuenta de que sus intentos de ligar se convierten en acoso. Chicos, os aconsejo que cojáis papel y lápiz (las notas del móvil también valen, cuidemos el medio ambiente) y apuntéis cuándo os tenéis que pirar:

No tienen por qué seguiros el rollo. No querer hablar con vosotros no es ser maleducada ni borde ni nada por el estilo. Nadie está obligado a conocer a nadie. Con esfuerzo y voluntad creo que este tipo de sujeto al final podrá superar que hay mujeres que no están interesadas.

Neomachismo

El machismo clásico es el más fácil de ver y, por tanto, el que mejor se puede combatir. Ha sido fuerte todo este tiempo porque la estrategia que le funcionaba era estar ahí bien a la vista y decir abiertamente que las mujeres eran inferiores. Ahora sigue existiendo, por supuesto, y bien visible, pero cada vez que un machista clásico dice alguna salvajada en voz alta generalmente tiene consecuencias.

> Un eurodiputado polaco ha defendido la brecha salarial porque dice que las mujeres son menos inteligentes. Sí, en pleno 2017 esto se ha dicho en el Parlamento Europeo.

Lo de que tiene consecuencias quizá lo hemos dicho demasiado rápido. La sanción ha consistido en no poder participar en las actividades parlamentarias en diez días y no poder representar a la Eurocámara en un año... ¡¿Estás de broma?! Ese hombre debería tener una sanción muchísimo mayor, pero no, está protegido por su amigo el patriarcado, no lo olvides.

Actualmente, hay herramientas para luchar contra ese machismo visible, pero es mucho más difícil detectar el políticamente correcto. Esto sucede porque no ha habido un cambio real, el machismo no se ha visto derrotado y obsoleto y se ha batido en retirada. No, por desgracia solo se ha adaptado a las nuevas circunstancias. Por eso hay que agudizar el oído, sacar las lupas y convertirnos en Mata Hari o Sherlock Holmes para descubrir a los impostores.

El neomachismo lo encontramos también en cualquier sitio, pero suele abundar en los espacios que consideramos progres: un partido de izquierdas, la facultad de bellas artes, una casa okupa, un concierto de rock, un grupo de gente joven... Es fácil reconocerlo cuando se quita la careta diciendo cosas como estas:

Machismo

Ya hay igualdad
No es machismo, es mala educación
30 hombres asesinados a manos de sus mujeres
Ni machismo ni feminismo, igualdad
¿Y las denuncias falsas?
La violencia no tiene género
No hay que irse a los extremos
El piropo no es acoso

Como ves, su estrategia clave es confundir. Se inventan cifras, como lo de los treinta hombres asesinados. ¿Sabías que es una noticia falsa que circula por internet y que se repite cada año?

Niegan que feminismo sea igualdad. Hacen creer que ya estamos en una sociedad igualitaria y que "cada uno puede hacer lo que quiera". En una sociedad tan desigual esa frase se queda muy corta, por no hablar del mito de la libre elección. Hay demasiados condicionantes como para afirmar que cada elección está libre de influencias externas.

Resumiendo, el machismo está muy presente en la sociedad. Por eso es necesario que todas las personas crean en el feminismo y se involucren al cien por cien en la lucha por la igualdad.

Feminismo

Movimiento político y social que persigue la igualdad entre hombres y mujeres.

Feminismo

El feminismo es una respuesta al patriarcado y al machismo. Su fin es conseguir la igualdad entre hombres y mujeres. Una vez que esto sea real, su lucha estará acabada. Pero, como hemos visto, esto está muy lejos de ser real.

Muchas personas son algo escépticas con este término. Que empiece por fem- parece indicar que se decanta más por el género femenino, y parece que es el equivalente al machismo. El machismo, como ya vimos, es la presuposición de que el género masculino es superior al femenino. Pero el feminismo no presupone al género femenino superior al masculino. El feminismo nace como respuesta a la opresión del sexo masculino. Precisamente porque el género femenino es el oprimido lleva su nombre.

Llamarlo igualismo o humanismo sería negar que quienes han sufrido y siguen sufriendo esta opresión son las mujeres.

Pero no es de extrañar que se haya querido retorcer el nombre para volverlo en contra de las mujeres. Ya estamos acostumbradas. Las feministas han tenido siempre la fama de ser mujeres amargadas, viejas y feas, de ser brujas que odian a todo aquel que se considere del género masculino. Que desayunan lágrimas de hombres mientras leen la vida y obra de Clara Campoamor, todos los días, una y otra vez sin cansarse. Las feministas son tías serias, nunca se han reído, ni siquiera con los monólogos de Eva Hache; bueno, quizá ella sea la excepción, porque es mujer y lleva el pelo corto. También son aburridas, rencorosas: en lo único que piensan es en pasar una y otra vez por debajo del mismo andamio hasta que un albañil les diga algo y poder responderle con ira.

Los indispensables de
las feministas

Esta idea tan divertida se mantiene gracias a los medios rancios, que como ya comentábamos están al servicio del machirulado. Pero las mentiras al final caen siempre, y ya, desde las mujeres de los barrios humildes hasta las *celebrities* de Hollywood se declaran feministas. Si lo son ya es otro debate, pero lo dicen, y las nuevas generaciones están viéndolo. Pasarán muchos años hasta que el significado negativo de la palabra feminismo desaparezca totalmente, pero ya estamos dando pasos en una buena dirección.

Pero la tendencia de autoproclamarse feminista es relativamente nueva. Si alguien decía hace unas décadas que era feminista, se armaba una buena. ¿Y cómo es posible que hubiera tanto alboroto por algo tan justo como que todos y todas seamos iguales?

Pues porque el machirulado campaba todavía a sus anchas y antes, cuando no éramos iguales ante la ley, otorgar derechos a las mujeres significaba que los hombres perdían la exclusividad. Si las mujeres podían votar, no serían ellos solos los que podrían decidir las cosas. Si las mujeres tenían derecho a tener casas y empresas, no iban a ser los únicos que pudieran hacerlo. Todo se resume en privilegios y espacios, y en no querer renunciar a ellos, principalmente.

Un poco de historia

Para entender cómo es ahora el movimiento feminista y por qué es tan importante para las mujeres, hay que echar un vistazo a nuestras predecesoras.

En la Revolución francesa se empezó a hablar de la igualdad de derechos. En principio, igualdad de derechos entre clases, entre razas, entre géneros. Muchas de las que lucharon en primera línea con sus compañeros de igual a igual se estrellaron contra un muro cuando se dieron cuenta de que esa *égalité* de la que hablaban las consignas ni por asomo se refería a las mujeres. Para protestar, la francesa Olympe de Gouges calcó punto por punto el texto clave de la Revolución, que abogaba por la igualdad de derechos del hombre, enfocándolo de nuevo para defender los de las mujeres, y al fin quedó como Declaración de los Derechos de la Mujer y la Ciudadana. Esto sentó fatal a los compañeros que no entendían en qué momento pudo pensar esta mujer que con ellas también iba lo de la igualdad. Hay que ver, qué loca.

Otra contemporánea fue Mary Wollstonecraft, madre de la creadora del monstruo de Frankenstein, quien, en su Vindicación de los Derechos de la Mujer en 1792, dijo claramente por primera vez que las mujeres no eran diferentes a los hombres por naturaleza, sino por la educación. Otra loca. Hay que ver, es que está lleno.

Esos dos acontecimientos sembraron la semillita de la ideología feminista. Pero hay que esperar a principios del siglo XX para que se formara un movimiento social como tal.

Se fraguó en el Reino Unido, donde las mujeres ya estaban hartas: en pleno siglo XX no podían votar, ni tener propiedades, ni ir a la universidad... ¡Ni siquiera tenían derechos sobre sus hijos! Tras años de pasotismo del gobierno, las *sufragettes*, el grupo más radical (aquí se conoce a todas como sufragistas a secas) empezó a responder de forma contundente.

Estas valientes mujeres actuaban bajo el lema "hechos, no palabras" o lo que es lo mismo: menos regalarnos los oídos con que somos igual de válidas y más demostrarlo con leyes. Estas mujeres tiraban piedras a los escaparates, cortaban las comunicaciones e incendiaban edificios. Hacían lo que hiciera falta por hacerse oír. Eso sí, sembraban el caos sin hacer nunca, jamás, daño a nadie. Incluso llegaron a colarse en el famoso Derby de Epsom para ponerle la bandera sufragista al caballo del rey. Cuando eran detenidas, hacían huelga de hambre hasta que las tenían que soltar. Vamos, que la liaban parda.

Muchas fueron repudiadas por su familia y la sociedad. El gobierno alimentaba ese odio repartiendo panfletos donde las sufragistas aparecían tal como hemos contado antes: mujeres amargadas, viejas y feas, muy serias y con muchos pelos. Qué manía con los pelos, oye, esto parece que no pasa de moda.

Las *sufragettes* no lo tuvieron fácil, pero al final lo consiguieron. Hasta 1928 no pudieron votar todas las mujeres inglesas.

Las protestas siguieron durante todo el siglo XX, también ligadas a otros movimientos por los derechos sociales. Las académicas y filósofas exponían que a las mujeres se las educaba en la sumisión, que los hombres tenían el poder y que ejercían violencia. Es decir, se comenzó a hablar de los roles de género y los estereotipos, gracias a autoras como Simone de Beauvoir y Betty Friedan. Chocaron contra nuevos muros, los del escepticismo y las cejas alzadas, esta vez. Pero poco a poco la sociedad se fue concienciando, y en los años noventa hubo cumbres internacionales para hablar de la igualdad de derechos en una gran parte del mundo.

Probablemente, ahora estamos en un momento importante. En todo el mundo hay protestas y el tema de la igualdad entre hombres y mujeres está en las noticias a diario. Se habla en muchos espacios de lo que queda por hacer y aparecen nuevos debates como la Teoría Queer, la transexualidad o el ecofeminismo. Incluso la industria audiovisual se sube al carro y comienza a poner a protagonistas femeninas en todos los géneros. Como figuras destacables podríamos mencionar a Judith Butler, Caitlin Moran, Femen o Ana de Miguel.

El feminismo tiene una trayectoria bastante amplia, pero siempre ha ido acompañado de una imagen negativa. Ahora la estrategia no es pintar a las feministas como mujeres amargadas y feas. Eso no funciona cuando hasta Beyoncé, considerada un *sex symbol* a nivel mundial, se pone un cartel gigante detrás con la palabra *FEMINIST*. Ahora lo que les da resultado es decir que ya hay igualdad y que por tanto el feminismo está obsoleto.

Los machitos inventan palabras como hembrismo o feminazismo para hacer creer que una gran parte de las feministas quiere, en el fondo, darle la vuelta a la tortilla y situar a los hombres en una posición inferior. Pero, bueno, ¿están locos estos señores o qué? ¿Te imaginas una manifestación de mujeres con estas pancartas? Nada más lejos de la realidad.

Ahora que hemos visto lo que significa feminismo y qué ha sido de él los dos siglos anteriores... Un momento, ¿hemos dicho ya que el feminismo consiste en conseguir una igualdad real que ha sido negada a las mujeres durante toda la historia? Si no ha quedado claro, lo repetiremos hasta la saciedad.

Hemos decidido que vamos a luchar por la igualdad. Después de enterarnos de todas estas cosas no vamos a quedarnos de brazos cruzados en el sofá. Seas lo que seas, lo justo es lo justo. Así que, vamos. Vale, pero ¿adónde vamos? Exacto, esa es la pregunta del millón: ¿por dónde empiezo?

Una vez que te pones las gafas violetas, no hay marcha atrás. Ponerse las gafas violetas es una forma corta de decir que has abierto los ojos y que has visto que todas esas cosas que te molestaban, como los piropos por la calle o que te tacharan de zorrón por ligar con muchos tíos, tienen una explicación. El cambio lo incluirás poco a poco en tu día a día sin darte cuenta.

Primero empezará a pitarte el radar feminista con cada gesto machista que veas. Nunca te habías fijado en que las colaboradoras de la tele son siempre unas modelos y los tíos no. Tampoco en que en las revistas de deporte no hay casi nunca nada de deporte femenino y que prácticamente las únicas mujeres que salen son las azafatas de la Fórmula 1. Que no hay mujeres solas en los bares ni molestando a los jovencitos en las discotecas. Te encontrarás con una lista enorme de cosas que antes no te habías planteado.

Si eres chica, notarás que la mayoría de los gestos machistas se dirigen a ti, pero que tú también los haces sin darte cuenta. Si eres chico, verás que eres tú el que hace muchos de esos gestos, también sin darte cuenta. Pero no pasa nada, no es tarde para cambiar. Nadie nace con un manual feminista bajo el brazo.

No se pueden dar lecciones de lo que es ser o no feminista, pero hay cosas muy obvias. Un político o política que no para de recortar en ayudas para la igualdad no es feminista.

Feminismo

Un tío que acosa a las mujeres por la calle no es feminista. Un presentador que solo contrata a tías guapas y jóvenes para ponerlas en secciones de moda y maternidad y a hombres con cualquier físico y edad para las secciones de ciencia y curiosidades tampoco lo es. Un escritor que ataca frontalmente el feminismo cada vez que tiene ocasión en cualquier medio no es feminista. ¡De hecho, estos son ejemplos de gente muy machista!

Cada persona pone en práctica su ideología feminista de la mejor forma que sabe, adaptándola a su contexto. Un ama de casa con dos bebés puede no tener las mismas prioridades que una chica lesbiana universitaria. También es poco probable que coincidan en sus prioridades una mujer inmigrante en busca de trabajo y una mujer trans jefa de una empresa. Entre los hombres también pasa: un padre que acaba de tener una niña es más sensible a ciertos temas que un sindicalista, por mucho que esté concienciado.

Feminismo

Hay incontables circunstancias y por eso hay muchos feminismos. Lo más importante es no centrarnos en sus diferencias, sino en lo que tienen en común.

Un movimiento dividido es fácil de vencer, pero si quienes creen en la igualdad se unen y hacen todo lo que está en su mano, se pueden conseguir muchas cosas.

Además, internet puede ser un arma poderosa. Poder conectarnos con personas de cualquier zona en cualquier momento significa que podemos crear redes por todo el mundo. Uniendo y fortaleciendo cada vez más esta resistencia, conquistando espacios fundamentales como la política y las instituciones.

Si lo piensas bien, solo puedes elegir estar en un bando: el machista o el feminista, no existe un término medio. Si no crees en la igualdad y no luchas por ella, estarás apoyando la desigualdad.

¡No tengas miedo a llamarte feminista!

Identidades

Percepción subjetiva que tiene una persona sobre sí misma.

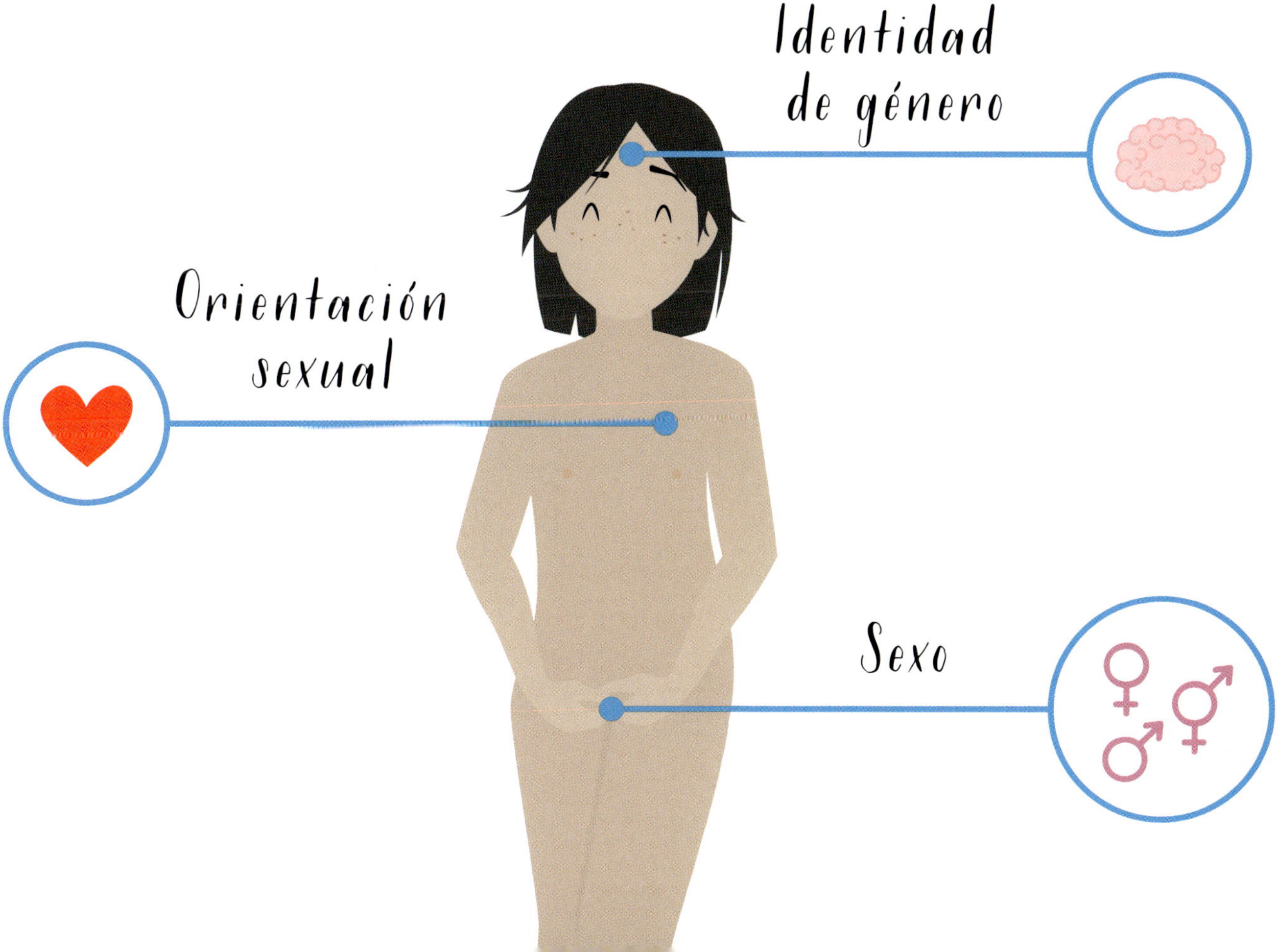

Identidades

Últimamente es muy habitual escuchar en la tele o leer en revistas palabras nuevas como asexual, cisgénero o poliamor, ¿qué me he perdido? ¿De qué planeta vienen quienes las usan? Relax, es más sencillo de lo que parece.

Vamos al origen de todo: históricamente, las personas han sido divididas en hombre y mujer en función de sus genitales, y también se ha dado por hecho que eran heterosexuales. A esto se le llama heteronormatividad, y es producto del heteropatriarcado (sí, otra forma de llamar al patriarcado). Se trata de una reducción de la variedad humana a funciones útiles, a funciones que le son útiles al patriarcado por cómo tiene montado el tinglado: si quiere que los hombres sean guerreros dedicados a conquistar y polinizar a sus mujeres con su semilla, está claro que una sexualidad distinta a esa les parte el esquema. Si quieren que las mujeres estén en casa esperando al descanso del guerrero para que venga a polinizarlas, ¿cómo se les va a ocurrir decir que no les gustan los guerreros? Esta ha sido una de las peores cosas que ha hecho el machirulado. Ya lo estás viendo, ¿no? Todas las personas no caben en esa división tan simplista y binaria, ¡así dejas fuera a mucha gente!

En primer lugar, hay que diferenciar entre sexo e identidad de género, porque no es lo mismo. El sexo nos viene dado por la naturaleza: uno nace con genitales masculinos o femeninos, es algo que se conoce desde el nacimiento, suele estar a la vista. En cambio, la identidad de género es con qué nos identificamos, eso no está en ninguna parte visible, solo está en nuestra mente. Se construye en los primeros años de vida, y lo más importante: no se elige ni se puede cambiar. Históricamente también se ha pensado (más bien impuesto) que estas dos cosas, sexo y género, coinciden. Pero no tiene por qué ser así.

De hecho, como el ser humano es un ser complejo, hay muchas posibilidades.

Cisgénero: Persona que se identifica con el género que le asignaron al nacer.

Transgénero: Persona que no se identifica con el género que le asignaron al nacer. Es decir, un bebé nace con genitales masculinos, entonces lo crían como Pepito o Juanito. Pero cuando va creciendo se da cuenta de que se ve mejor de Pepita o Juanita. La diferencia entre una persona transgénero y transexual es que la transexual sí se somete a una operación quirúrgica para cambiar sus genitales. Para incluir a quienes deciden operarse y no, para no hacer una discrimina-

ción en este sentido, se habla simplemente de trans. Y cuando se habla de una persona trans, hay que hablar del género al que pertenece, no del que se le asignó al nacer. Debemos respetar su decisión.

Intersexual: Una persona que nace con características físicas tanto masculinas como femeninas. Antes se conocía como hermafrodita pero es un término bastante ofensivo, así que es mejor no utilizarlo. Lo que hay que tener claro de la intersexualidad es que el hecho de no tener un sexo definido no conlleva que una persona intersex no tenga su identidad de género clara, ni tampoco se traduce en problemas de salud. El inconveniente está en que, al nacer, ante la ausencia de un pene se atribuye automáticamente el sexo femenino, y es muy habitual que las personas intersex desarrollen ese órgano más tarde o sea de un tamaño menor.

Si lo pensamos un poco... ¿Dónde está el problema? ¡Exacto! En atribuir el género en función de los genitales. Si nos fijamos bien, son los padres y los médicos los que están decidiendo el género de una persona, en vez de dejar que sea ella misma quien lo haga ¡es una barbaridad! Para hacer más gordo el problema, en la mayoría de los países es dificilísimo cambiar el sexo en el registro civil.

Es mucho más sencillo y justo que esa decisión tan personal recaiga en el individuo y no en la opinión de otras personas, que además se están basando en el puro azar de la naturaleza. Además, el simple hecho de criar a alguien como un niño o como una niña deja claro que existe una clara educación sexista, ¿no? Quizá si no criáramos encaminando tanto desde el principio, luego no tendríamos tantos problemas en hacer estos cambios.

Hagamos una pausa para asimilar la información. Según el sexo que nos da la naturaleza, podemos tener sexo femenino, masculino o ser intersex (mezcla de ambos). Cuando crecemos, se forma nuestra identidad de género, que puede coincidir o no con lo que pone en el maldito papelito del hospital (femenino o masculino). Quizá lo más fácil sea pasar del sexo que nos ha tocado: nosotros y nosotras no somos lo que tenemos entre las piernas, sino lo que tenemos en nuestra cabeza. ¿Acaso la lotería de la naturaleza va a definir nuestras vidas? ¡Ni hablar!

Por último, con respecto a las identidades, hay que añadir que hay personas que no se identifican con ningún género. Lo cual, por supuesto, también es de lo más respetable. A esta condición se le llama agénero. Una vez sabemos cómo funciona el binomio sexo-género, hay otra dimensión importante que debemos considerar:

La sexualidad

La sexualidad es lo que nos gusta, hablando en un plano sexual y sentimental. Sea cual sea la orientación sexual, merece ser respetada. Nadie puede juzgar ni discriminar en función de la sexualidad.

Esto no es algo nuevo. La homosexualidad y la bisexualidad conviven con la heterosexualidad y, aunque se vea poco en televisión, se disimule en las calles y esté mal vista por un sector de la sociedad, las personas están defendidas por la ley en este aspecto. Pero como ya sabemos, una cosa es la ley y otra la sociedad. A pesar de ser un tema asimilado, sigue habiendo agresiones homófobas y familias que destierran a algún hijo por ser gay o a alguna hija por ser lesbiana.

Al igual que la raza negra ha sido oprimida por la raza blanca y las mujeres por los hombres, los homosexuales lo han sido por los heterosexuales. El simple hecho de insinuar que alguien parece homosexual se considera un insulto. Párate a pensar un momento: seguro que tú también has usado este tipo de insultos alguna vez, aunque sea en broma. ¿O no?

Del mismo modo en que el patriarcado asume que la figura del hombre es la figura principal, asume que la sexualidad heterosexual es la sexualidad principal. Se da por hecho que las personas son heterosexuales, y se pregunta directamente si tiene novia (en el caso de los hombres) en vez de preguntar si tiene pareja. Se educa en la heterosexualidad, y enseñar lo contrario en una escuela puede causar problemas. Por no hablar del rechazo con el que pueden encontrarse.

Son las personas homosexuales y no las hetero las que todavía escuchan frases como estas a menudo:

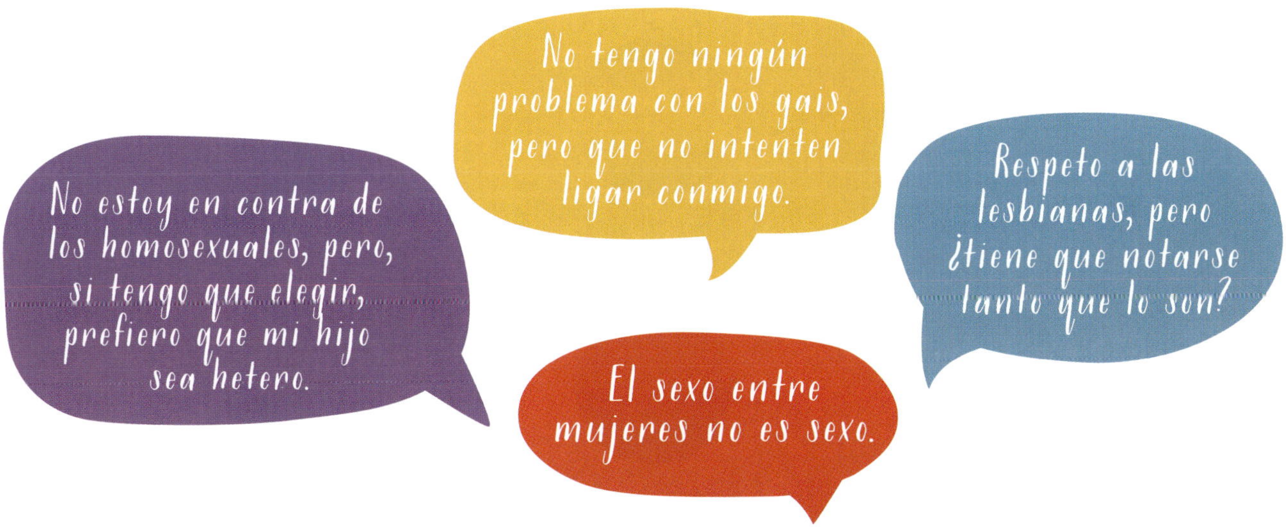

Aunque la mayoría creamos que no, sin darnos cuenta reproducimos comportamientos homófobos.

Identidades

Estaría bien hacer un pequeño inciso aquí para incluir dos nuevos conceptos: pansexual y asexual. Una persona asexual no siente atracción sexual por otras personas. Por otro lado, una persona pansexual puede sentirse atraída por cualquier persona independientemente de su sexo y su identidad de género. Pensaréis: “Pero entonces serían bisexuales, ¿no?”, y sí, en principio una persona bisexual se siente atraída por los dos géneros. Pero en muchas ocasiones las personas trans no se sienten incluidas por esa definición, ya que han sido rechazadas por personas que se consideran bisexuales. Y, si algo está claro, es que la idea de base es que nadie se sienta rechazado y todo el mundo pueda sentirse incluido.

Pansexual

Transexual

Bisexual

Asexual

Homosexual

Intersexual

Al final lo que interesa al patriarcado es que a las personas les guste el otro sexo, así se mantiene el esquema hombre trabajador y mujer que se encarga de los hijos. Además, no hay nada que le siente peor al machirulado que verse rechazado por una mujer. No lo lleva nada bien. Cortocircuita.

Así que el colectivo LGTBI (personas lesbianas, gais, trans, bisexuales e intersex) es, básicamente, un engorro para el heteropatriarcado: "Si ahora cada uno va a elegir qué quiere ser y con quién quiere estar, estamos apañados, ya no vamos a poder decidirlo nosotros según nos convenga". El sistema que tenían tan bien montado corre peligro.

Además, una vez que cuestionamos estos pilares, lo que viene después es aquello de emparejarse. Las generaciones anteriores, casi sin excepción, cuando empezaban a salir con alguien se casaban y era para toda la vida. En cambio, ahora es muy habitual divorciarse o tener hijos sin casarse.

No es casualidad que nos den la tabarra con no quedarse en una permanente soltería. Lo más seguro y rentable es que la gente se agrupe en familias, así la jerarquía y el consumo se mantienen intactos, porque cuando cambian las tendencias consumistas, el mercado se resiente.

No olvidemos que en torno a toda la parafernalia del matrimonio y formar una familia se mueve mucho dinero: celebraciones de bodas, bautizos y comuniones, vestidos para los novios y para las invitadas (está mal visto repetir traje en una boda), regalos a los nuevos papás y nuevas mamás, ropa y juguetes para peques... Una suculenta lista que llena muchos bolsillos.

Si ahora las mujeres se emancipan y los jóvenes pasan de casarse, esto es un despiporre. Una vez que se supera el miedo a la soltería y el mito del amor romántico se pasa de moda, se proponen nuevas formas de relacionarse, como el poliamor o las relaciones abiertas. En teoría, la diferencia entre una y otra es que en el poliamor no hay una pareja por encima de otra, sino que se tejen redes afectivas. Por otra parte, en las parejas abiertas cada uno hace lo que quiere, pero la pareja se mantiene. Aunque, claro, estas cosas ya cada persona las lleva a su manera.

La conclusión más acertada es que

el respeto no depende de tu sexo, identidad o sexualidad.

Roles de género

Papel que desempeñamos en función del género asignado al nacer.

Roles de género

Los roles de género son la creencia de que la sociedad se divide entre hombres y mujeres, y que cada grupo tiene funciones predeterminadas por el simple hecho de pertenecer a uno u otro. Para que nos entendamos: alguien, en un momento dado, decide qué actitudes y actividades son de hombres y cuáles son de mujeres. Además, se asegura de convencer a la gente de que esto no es un invento suyo, sino que son actitudes naturales, lo que te sale "de natural" si eres hombre o mujer. Ese alguien, lo habéis adivinado, es el patriarcado. Y a estas alturas ya sabemos que todo lo que venga del patriarcado es cien por cien interesado. Y, por tanto, cuestionable.

No le negaremos que está muy bien pensado para mantener el orden: cada uno tiene su tarea y se concentra en eso, se olvida de que puede hacer lo demás si quiere. Además, como quien reparte se lleva la mejor parte, hay un cierto desequilibrio en favor de uno de los dos lados.

Casualmente, todo lo bueno es para los hombres. Ellos son los que trabajan y conocen mundo. No tienen que preocuparse por su físico porque son juzgados por su rendimiento. Como son los racionales, son más aptos para los puestos importantes. Por no hablar de su gran resistencia física, que asegura que no necesitan ayuda de ningún tipo. Pero ya te digo, pura casualidad, pura "naturaleza".

En cambio, a las mujeres les ha tocado lo peor. La naturaleza les ha otorgado el don de los cuidados, por eso tienen que trabajar como esclavas encerradas en casa para cuidar a la familia, sin que el hombre se preocupe. Son tan sentimentales y empáticas que a la hora de tomar decisiones se dejan llevar por las circunstancias, y eso es muy peligroso. Además, su cuerpo debilucho las hace dependientes hasta para abrir un tarro, ¿qué sería de ellas sin la protección masculina?

Pero ¿cuándo se reparten estos papeles? ¿No es muy obvio? ¿No se da cuenta la gente cuando les limitan por rol? ¿No se quejan? ¿No reclaman algo distinto? Pues depende. Depende de lo evidente que lo hagas. Y depende de cuán temprano empieces. Si empiezas desde el principio, todo parece muy inocente.

Roles de género

Todo empieza en el momento en el que tras ver unas ecografías dicen "sexo femenino" o "sexo masculino". De repente, el camino de cada persona se tiñe de rosa o azul y empieza su proceso de socialización.

En el caso de las niñas, recibirán nombre de niña, le pondrán un lacito, le agujerearán las orejas y tendrá cosas rosas. Es decir, comienzan a identificarla, para que la sociedad sepa cómo tratarla. La forma de enseñarles que su destino es ser madres es regalándoles muñecos para que los cuiden y cocinitas para que cocinen. Stop. ¿Tan normal lo vemos ya? Una niña de cinco años "cuidando" un bebé. Señoras y señores, no regalen esas cosas. *Las niñas de cinco años no tienen edad de cuidar a nadie, son ellas las que tienen que ser cuidadas.* Y tampoco parece muy inteligente ponerles a cargo de la alimentación de nadie...

Por no hablar de los sets de maquillaje. El mensaje que perciben es: estoy incompleta, tengo que modificarme para gustar a los demás. Además de todo esto: las Barbies, las pelis de princesas... Es una fábrica de mujeres dependientes.

Roles de género

Los niños tampoco están exentos de roles. Se les presiona para ser el cabeza de familia, rígido e indestructible. Se van tapando las brechas por las que puedan salir desbordados los sentimientos con frases tan efectivas como "los niños no lloran". Porque sí, evidentemente esta repartición de roles es tóxica para los dos lados. Pero ni de lejos se puede equiparar la opresión que sufren los hombres con la que sufren las mujeres. Ni siquiera se puede considerar opresión, puede que estén oprimidos por motivos de raza o clase, pero nunca por ser hombre. En el caso de la mujer, esta opresión sí se da por ser mujer.

Una vez que pasamos esa etapa tan inocente, ya tenemos la mente completamente moldeada. No solo hacemos nuestra vida en función de esas normas, sino que el lavado de cerebro ha sido tan efectivo que a partir de entonces ya actuamos como policías del género, vigilando y señalando a los demás. Cuando vemos a una chica vestida de forma típicamente masculina, comentamos que es una "marimacho"; si un chico nos parece expresivo, decimos "que tiene pluma"; cuando una mujer pasa de tener su casa impoluta, nos parece destacable y es motivo de comentario, pero si quien no limpia su casa es un hombre, es que es un "desastre" y absolutamente natural.

Ese adoctrinamiento no termina nunca. Un buen ejemplo son las "revistas para ellas". Estas publicaciones son la perfecta guía para ser una imbécil redomada con sonrisa permanente. Su contenido incluye básicamente consejos de belleza y de autoestima, eso sí, enfocada a la aceptación de los otros. Siempre mejorar para los demás, para sentirse aceptada. Ningún artículo dirá: "Pepi, sal a la calle tal y como estabas en casa, como hace tu vecino Paco, que estás estupenda", más bien será: "Cómo arreglarte en 5 minutos cuando tienes que bajar a por el pan". Y mientras la pobre Pepi tiene que ponerse unas gafas de sol, cambiarse de camiseta y hacerse un moño, Paco se levanta del sofá y sale por la puerta tan tranquilo, seguramente en pantalón corto y sucio.

También abundan los consejos para pescar un maridito y toda esa obsesión con el matrimonio perfecto. Se resumen en: demuestra interés, pero tampoco lo agobies; decide tú, pero que parezca que lo hace él; dile que le quieres, pero averiguando el momento exacto, porque, si no, eres una loca posesiva, etc. Es decir: permanece en estado pasivo agresivo a la espera de que él tenga algo claro. No vaya a ser que tomes una postura directa y asertiva, y se asuste.

Si nos fijamos, el contenido de estas revistas refleja los espacios, actitudes e intereses atribuidos históricamente a las mujeres: la belleza, la familia, el hogar, la sumisión, el matrimonio, la crianza... Por otra parte, las revistas para hombres traen todo tipo de artículos sobre historia, cultura, curiosidades o deportes.

MEN style
4€
EXTRA BELLEZA
Trucos exprés que te salvan la vida
10 secretos de los *celebrities*
piel perfecta
ATENTO A TU RELOJ BIOLÓGICO
¡Que no se te pase el arroz!
VIDAS REALES:
"Dejé mi trabajo para cuidar a mis hijos y soy un hombre feliz"
QUICK TEST
Cómo saber si el «te llamaré» va en serio
LA BODA DE TUS SUEÑOS,
organízala paso a paso
CONCURSO
Comparte tu #PoseMenStyle en tus redes sociales
CLARO QUE SÍ, GUAPI
Cómo sacarle el máximo partido a tus caderas
¿VALGO PARA SER JEFE?
GRATIS la crema antiarrugas del año

Todo este bombardeo construye a mujeres y hombres con intereses y comportamientos totalmente opuestos. A ellos se les educa en "que no te pesquen" y a ellas en "encuentra a un buen marido". Es casi imposible tener una relación (ya sea de amistad o de pareja) sana partiendo de una base tan desigual y diferente.

¿Y qué puedo hacer yo?

Las mujeres han hecho su revolución. Se han alejado del rol tradicional y ya hace tiempo que trabajan, dirigen empresas, ocupan cargos públicos, son mayoría en la universidad y hacen de cabeza de familia.

Mientras su cambio se ha basado en su propia liberación, en conseguir leyes que reconocieran sus derechos, el de los hombres se ha basado en amoldarse a un nuevo contexto. Por desgracia, esto no significa que haya desaparecido el machismo, puesto que las leyes avanzan lentas y, además, no pueden dictar dentro de la cabeza de la gente.

Porque el movimiento feminista ha conseguido conquistar muchos derechos, pero los roles de género no tienen nada que ver con la legalidad, son las ideas que nos inculcan. Es casi igual de efectivo convencer a una mujer de que no puede conseguir algo que prohibírselo; de hecho, incluso más: si se lo prohíbes, puede que se rebote y lo quiera. Si le dices que no puede conseguirlo, porque "naturalmente" no está hecha para ello, puede que se lo crea y renuncie.

Por eso es importante estar siempre alerta, aunque algunos derechos hayan sido ya conquistados. Porque con mucha facilidad, con pequeños actos, podemos reproducir esa espiral estúpida. Empezando por el día a día, dejemos de comentar y señalar cuando alguien se salga de ese camino, dejemos de ser policías de los roles. Aunque sea sin mala intención, el simple hecho de resaltar que un presentador de televisión es "muy gay", ya da a entender que eso está fuera de lo natural. Nunca hacemos comentarios como "ese tío es muy hetero".

No desanimes a quienes tienen miedo a hacer algo "que no corresponde a su género". Si una amiga está pensando en raparse la cabeza, no le digas que eso no es femenino; si quiere llevar pantalones a una ceremonia, no juzgues si es un evento que requiere falda... ¿Qué más da? Eso no debe ser un motivo para dejar de hacer algo. Si le queda mal no pasa nada, el pelo crece.

No regales juguetes sexistas. No sumes otro granito de arena, que la montaña ya es enorme. Adiós a las cocinitas, maquillajes, Barbies y muñecos para las niñas; puedes regalarle eso a un niño para que aprenda a ser un buen padre. Cuestiona si es lo más apropiado cuando alguien regale este tipo de cosas. La mayoría lo hace por inercia y no se plantean el significado de sus actos. Cambiar de mentalidad es posible.

Roles de género

Si estás viendo la tele con una peque, hazle ver que las cosas no son así. Por ejemplo, si sale un anuncio de limpieza, podemos comentar: "Hay que ver que siempre salen mujeres limpiando, como si a las mujeres les tuviera que gustar limpiar; qué antiguos están los que hacen los anuncios". O si sale uno de coches donde conduzca un hombre podemos decir: "Mira qué coche más grande, anda que no serías tú la más guay conduciendo ese coche como una tía dura". La clave está en decirles: "¡Oye! ¡Tú también puedes hacer esto!".

Hay veces que damos por hecho que a alguien no le gusta algo, pero puede ser que nunca lo haya probado o que nunca le hayan preguntado o propuesto hacerlo. No hay cosas de chicos ni cosas de chicas.

El resultado es el mismo, ¿no? Además, pensar esto es un poco absurdo. Ser más fuerte no te hace mejor. Hace mucho tiempo que nos consideramos una sociedad civilizada y la ley del más fuerte está obsoleta. Necesitamos inteligencia, voluntad y seguridad para hacer las cosas, no tener músculos.

Cuando aceptemos todo eso, veremos que...

lo único que nos hace diferentes es creer que lo somos.
La educación sexista solo nos limita.

Cosificación

Convertir a alguien en una cosa.

Cosificación

La cosificación de las mujeres consiste en considerarlas no como una persona, sino como un objeto de deseo y contemplación. Es decir, más adorno que persona. También consiste en usar a las mujeres como reclamo, como objeto de consumo, pero nunca como un sujeto con su propia identidad.

¿Quién no ha visto la típica imagen del piloto con dos chicas exuberantes a su lado? Esto pasa también en otros eventos deportivos de boxeo, golf, ciclismo, Fórmula 1...

Dirás: "Bueno, pues es un trabajo como otro cualquiera, mucha gente está obligada a ir con uniforme". No, no es un trabajo cualquiera. Es un trabajo donde se cosifica a las mujeres. ¿Por qué? Porque si fuera un trabajo cualquiera:

1. Habría mujeres de diferentes edades y físicos.
2. No sería un requisito tener que enseñar escote, ombligo y piernas.
3. No exigirían besar al cliente, dejar que te mojen con champán o posar de forma sugerente.

Lo más evidente es que solo contratan a mujeres. Piensa en los tres puntos anteriores aplicándolos a un hombre... Ridículo, ¿verdad?

En otros trabajos de cara al público no relacionados con el deporte y, por tanto, no dirigidos a un público expresamente masculino, también ocurre. En muchas aerolíneas es obligatorio que las mujeres lleven falda, tacones y se maquillen, y lo mismo pasa en ferias y congresos, ya sean congresos de maquillaje ¡o de nefrología! No, los riñones y el aspecto exterior no tienen nada que ver, pero ha pasado de verdad.

La televisión también hipersexualiza a las mujeres. Desde los programas de *prime time* hasta los espacios más neutros como el tiempo. En todas las cadenas sin excepción, la gran mayoría de las veces las meteorólogas suelen ser chicas más o menos jóvenes, con vestidos ajustados y tacones. Porque claro, para entender las formaciones de nubes hace falta estar subida a unos tacones.

Esta cosificación e hipersexualización alcanza a veces niveles estratosféricos, por seguir con el símil climático. La noche de fin de año, por ejemplo, es tradición que, aunque haga un frío característico de una noche de diciembre (eso es mucho frío), las presentadoras coqueteen con la hipotermia llevando minivestidos junto a unos compañeros con traje de chaqueta y capa.

Después de estar leyendo sobre este tema vas a ver sexismo por todas partes. El envasado de los productos tampoco se salva. ¿Qué quieren decir todas esas mujeres, con labios pintados de rojo, riendo mientras comen ensalada? ¿De verdad da tanta risa una ensalada? ¿De verdad necesitas poner a una mujer atractiva, siempre, para hablar de tu producto? ¿Es eso lo que quieres decir de él?

Sin duda, la publicidad es un gran enemigo de las mujeres. Su impacto en nuestra imagen es brutal. Se empeñan en trocear el cuerpo de las mujeres, mostrando solo su boca, su culo o sus piernas. Hay también una tendencia a ponerlas tiradas por los suelos, en posturas rarísimas, con aspecto frágil y violentado. Esto no transmite la imagen de firmeza y seguridad que sí se representa en las poses masculinas. Sería muy raro ver a un hombre posando con los brazos hacia arriba o en jarras, mordiéndose un dedo o girándose para enseñar los hombros.

Cosificación

Pero si algo está claro es que la publicidad utiliza de esta forma la imagen de la mujer porque tiene claro su público. La conclusión principal que hay que sacar de todo esto es la siguiente: las mujeres no se convertirían en objetos consumibles si no hubiera hombres que las consumieran. Y esta es una de las consecuencias de los roles de género que comentábamos en el anterior capítulo: a las niñas se les inculca desde edades muy tempranas una preocupación excesiva por su aspecto. Y los niños, en paralelo, empiezan a percibir la idea de que el sexo femenino está para su disfrute.

Así que sí, de nuevo el sospechoso habitual. Detrás de la hipersexualización de las mujeres está nuestro archienemigo el patriarcado (¡qué sorpresa!). Pero ¡ojo!, esto no quiere decir que, ya que el cuerpo de la mujer está hipersexualizado y mostrado por todas partes, convertido en pedacitos apetecibles, las mujeres puedan hacer uso de él. Ah, no. Ver tetas en anuncios en las marquesinas de los autobuses es legítimo, pero enseñar las tetas en una manifestación que pretende precisamente defender la causa feminista y donde son las propias mujeres quienes deciden mostrar sus pechos, ah, no, eso no.

Hay revistas que muestran el cuerpo desnudo de las mujeres, sin embargo, se critica que se exhiban desnudas voluntariamente en actos de protesta. Incluso hay quien ve obsceno que una madre dé el pecho a su hijo en público, pero nos parece natural que en televisón haya presentadoras semidesnudas. Hay una clara doble moral con este tema.

El machirulado es el principal interesado, primero por el fondo machista y segundo por el fondo económico. Si vas a un centro comercial y te fijas en los negocios, encontrarás: peluquerías, joyerías, tiendas de lencería, de maquillaje, etc. Y los productos no son nada baratos. El cuerpo de las mujeres mueve muchísimo dinero. Ojalá se levantaran un día queriéndose tal como son. Imagina la cantidad de empresas que caerían, ya no sacarían más beneficios de la opresión.

Canon estético

El culto al cuerpo es algo muy extendido en nuestra sociedad, pero se ceba especialmente en las mujeres. Para ellas, el culto al cuerpo es una odisea, una fiscalización continua, de los pies a la cabeza.

De hecho, empecemos por la cabeza. Parece ser que hay una regla no escrita que dicta que las chicas tienen que llevar el pelo largo. La misma regla dice que los chicos tienen que llevarlo corto. Hay excepciones, claro está, pero por norma general suele ser así. Corto se asocia con masculino; largo, con femenino. Y largo, amiga, implica más cuidados y más tiempo. En general, todo lo que implica más cuidados y más tiempo le toca a la mujer. Cuando envejecemos y el pelo se nos vuelve gris, a las mujeres se les pide que se lo tiñan, que disimulen el paso del tiempo en su cuerpo. En los hombres, sin embargo, se considera que las canas les dan un toque interesante.

Otro agujero de tiempo y cuidados, otra máscara bajo la que ocultar la realidad: el maquillaje. Una máscara que para los hombres directamente no existe. Hay gran variedad: lápiz de ojos, *eyeliner*, sombra de ojos, máscara de pestañas, base, iluminador, pintalabios, perfilador, lápiz de labios, de cejas, colorete... Una lista interminable. Muchas mujeres son incapaces de salir de su casa sin algo de maquillaje. No se reconocen a sí mismas al natural, tan acostumbradas como están a "arreglarse" como si hubiera algo en ellas que no fuera correcto.

Porque si empezamos a pensar en lo que hay que "arreglar" en las mujeres, a juzgar por el patriarcado, la lista no tiene fin. Por ejemplo, la depilación. Ellas no pueden tener vello en las piernas, ni en ningún otro sitio que no sean las cejas. De hecho, que una mujer no se depile las axilas está visto como falta de higiene. ¿Falta de higiene? ¿A quién se le ha ocurrido esa locura? Ah, ya, sí. A los fabricantes de desodorante, que, curiosamente, son los mismos que fabrican las cremas depilatorias. Lo natural es tener pelos y que vuelvan a crecer una y otra vez. Si las mujeres contaran las horas que invierten en depilarse, ¡no volverían a coger una cuchilla en su vida!

Si haces creer a alguien que tiene algo que arreglarse y le creas ese complejo a base de machacar con ese mensaje, es muy probable que termine comprando productos para arreglarse. Y una vez que ya tienes creada esa necesidad, ¿por qué no seguir por ese camino? El universo de las cremas es tan grande como el del maquillaje: antiarrugas, reafirmantes, hidratantes, anticelulitis, antiestrías, exfoliantes, cremas para pieles secas, grasas, sensibles, mixtas, maduras y un largo etcétera.

En las últimas décadas se han puesto de moda los cuerpos delgados. Todos los productos dietéticos y bajos en grasa están hechos para las mujeres, y la publicidad de centros de adelgazamiento va dirigida a mujeres.

Cosificación

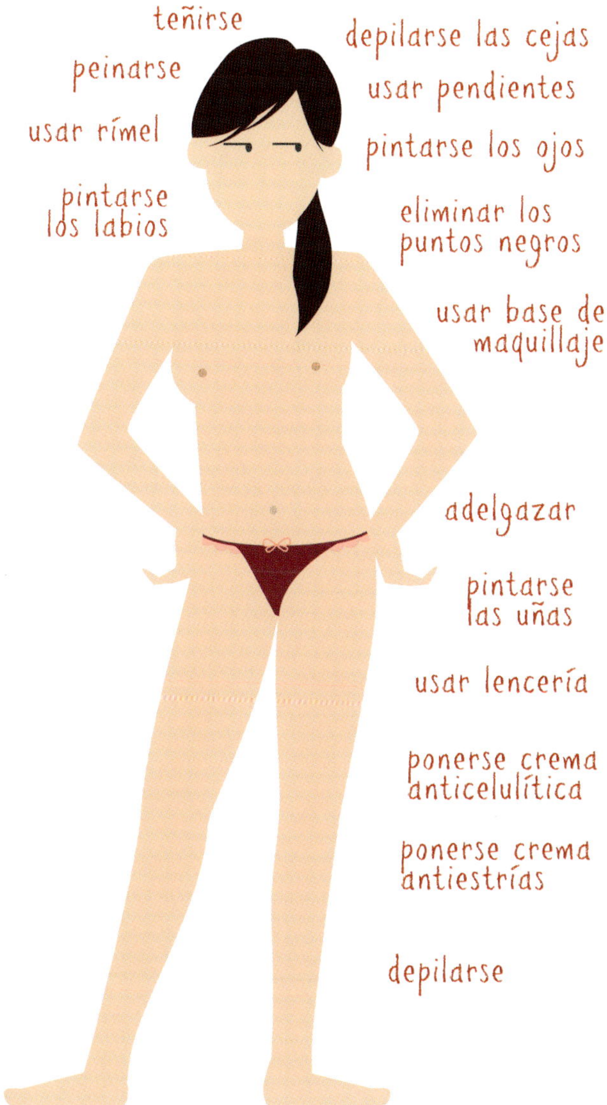

Hasta las chicas que usan una talla 38 o 40 sienten que tienen kilos de más. La palabra gorda es un arma de destrucción masiva actualmente. Mientras tanto, a los hombres se les dice que tienen "la curva de la felicidad" y para colmo han inventado la palabra fofisano. Esto es broma, ¿no? Se ve que en los cuerpos de ellos no hay nada que arreglar...

Tan horrible parece no cumplir los requisitos de belleza en los anuncios de productos *lights* que las mujeres están ya delgadas; en los anuncios de maquillaje ya están maquilladas; en los de cremas antiarrugas salen chicas de menos de treinta años sin una sola arruguita; en los de tintes, todas tienen melenas brillantes sin una sola cana, ¡y en los anuncios de depilación no tienen ni un solo pelo! La ocultación es tan absurda que incluso en los anuncios de compresas la menstruación o regla es una cosa del espacio de un curioso color azul.

Cosificación

Antes de terminar, añadiremos, para las personas más escépticas que desde el feminismo no se critica a las mujeres que se pintan, se ponen tacones o se tiñen las canas, se critica la necesidad de hacerlo. Se critica la imposición, la no elección. Se critica el discurso que hay detrás, el tener que acercarse a ese ideal exagerado de belleza. Las feministas no tenemos debajo de la cama una caja de maquillajes requisados.

Tampoco una mujer es menos feminista por maquillarse o llevar un escotazo. Hemos crecido en una sociedad que nos ha hecho interiorizar una serie de patrones de conducta y de conceptos de belleza que no podemos borrar de nuestra mente tan a la ligera. Cuando hablamos de todas estas cosas, es para señalar que tienen un origen machista y que no debemos asumirlas como naturales, sino que es importante que sepamos cuál es su origen y decidamos, conscientemente, si queremos someternos a estos dictados o no.

Resumiendo: vivir así es agotador. Siempre notando miradas furtivas buscando "defectos". Tanto se habla del cuerpo de la mujer y de cómo debería ser y tan omnipresente es este discurso, que, sin darnos cuenta, tratamos a las mujeres como si su físico nos perteneciera de alguna manera. Como si tuviéramos derecho a criticarlo. Basta que una famosa se retoque la cara para que sea portada en los periódicos y todo el mundo considere que puede expresar su opinión sobre ella. Y no es simplemente porque sea famosa y ella haya escogido comercializar su imagen (ojo, con un hombre no pasa, pero ya hemos hablado de eso). Si te fijas bien, se hace con todo el mundo. Con la vecina del quinto también lo hacemos, al igual que con la presentadora de televisión, que está dando las noticias y no en una pasarela. Las mujeres siempre están sujetas a esta crítica por su imagen: hagan lo que hagan se las critica. Si no se hace nada, decimos: "Pero ¡cómo puede ir con esas canas y esas arrugas, y ese vestido que no le pega nada para su edad!". Pero si se somete a una operación estética tras la enorme presión social y el rechazo de la industria (da igual que sea cantante o actriz, cuando se hacen viejas les dan la patada), también hay críticas: "¡¿Cómo ha podido hacerse eso en la cara?!", "Parece un monstruo", "Hay que envejecer con dignidad".

En resumidas cuentas, el ideal de belleza es casi inalcanzable para cualquier mujer. Los medios son conscientes de que ese canon de belleza deja fuera a muchas mujeres. Por eso están sacando campañas con el lema "mujeres reales" y cosas parecidas, pero no te dejes engañar.

Ampliar el canon, es decir, incluir más tipos de cuerpos "consumibles" es un parche que puede funcionar a corto plazo. Muchas chicas se sentirán bien con su cuerpo, pero esa no es la solución real. El problema de fondo persiste: la presión sobre sus cuerpos y la idea de que tienen que ser atractivos para el consumo. Tenemos que aprender que nuestro cuerpo no nos define. No somos nuestro cuerpo, solo tenemos un cuerpo. Como hemos señalado en el capítulo sobre las identidades, nuestro cuerpo no debe marcar nuestro destino. Frases como “A los tíos les gusta tener donde agarrar” o “Las curvas también son sexis” refuerzan la necesidad de aceptación. Esto es lo mismo que decir: “No importa que estés gorda, porque hay hombres a los que les gustan esas cosas”. Es decir, que no importa cómo seas si a los hombres ya les parece bien. Porque no es tu mirada la importante, la mirada importante es la de ellos. ¡Venga ya!

Deberíamos plantearnos más bien algo como: “No importa que estés gorda, porque tu valía no se mide por tu físico, porque no importa el cuerpo que tengamos”. No es necesario el visto bueno de otras personas. Esa sí es una frase empoderadora.

¡La clave no está en ampliar el canon estético, sino en destruirlo!

Doble jornada

Doble carga de trabajo que soportan las mujeres (empleo + cuidados).

Todo comienza cuando un chico y una chica deciden dar el paso y se lanzan a la montaña rusa de...

Al principio es idílico: desayunos en la cama, ir de la manita a hacer la compra, cenas románticas con velas todas las noches... Piensa: "No vaya a creer que he vivido hasta ahora en una leonera", "Que no sea tan evidente que me he alimentado de pasta-arroz-pizza hasta la semana pasada", "Ya casi ni me acuerdo de cómo se hacía la cama"... Todo es un mar de buenas intenciones, hasta que el período de impresionar constantemente pasa a la historia.

¡Nos han mentido! Solo tenemos en la cabeza las porquerías de las comedias románticas de Hollywood. La vida no es así. No hay un Tom Hardy ni un Travis Fimmel esperando en cada esquina, dispuesto a enfundarse los guantes y limpiar el baño tanto como tu. Hay una alta probabilidad de que tu churri no recoja ese desayuno supercuqui que te llevó a la cama y se escaquee de ir al súper bastantes veces.

Como sabemos que hay muchas personas escépticas. Antes de empezar vamos a exponer un montón de datos que hemos sacado de la Encuesta de Empleo y Tiempo realizada por el Instituto Nacional de Estadística. Si la premisa de la doble jornada ya te parece bastante cierta intuitivamente, te puedes saltar el párrafo. O lo puedes leer y alucinar con los datos. Disculpa si nos ponemos en plan académico, pero preferimos evitar el "Mentira, mi novio me ayuda mucho". ¿Cómo que "te ayuda"? ¿Es que no es su casa también? En fin. Datos. Aquí van:

Tiempo diario dedicado a la realización de labores domésticas y de cuidados:

Ahora después de ver estos datos esclarecedores, podemos continuar. La doble jornada es ese tiempo extra que tienen que emplear las mujeres para las labores domésticas. Estas labores deberían llevarse de forma conjunta, pero en la práctica no es así.

Doble jornada

Los hombres invierten esas dos horas de diferencia en dos cosas principalmente: trabajo y ocio. La consecuencia de lo primero es que crecen más profesionalmente, y ello supone también un incremento de su sueldo, por esas horas extras que sus compañeras no pueden permitirse. Por otra parte, poder dedicar tiempo al ocio permite que continúen con sus proyectos personales, como el deporte, leer o salir de cañas con los amigos.

Las mujeres no pueden permitirse esa libertad de entrar y salir cuando quieren. Al final de la semana, se ponen a contar: "Dos horas diarias de más, por siete días de la semana, a ver... ¡catorce horas semanales más que mi pareja!". Por supuesto, es para tirarse de los pelos, pero con prudencia, que el patriarcado odia la calvicie en las mujeres.

No te voy a dar el susto de hacer las cuentas mensuales y anuales. Es broma, claro que lo voy a hacer: 14 horas semanales por 54 semanitas que tiene un año: ¡756 horas! En días equivale a 31,5. Es decir, que las mujeres, aparte de dedicarse a su profesión como administrativa, profesora, vendedora o jueza, al salir del curro se ponen el uniforme de limpiadora y, en total, acaban trabajando un mes más. Así, gratis, mientras su compañero invierte ese mes en crecer profesionalmente o rascarse el paquetillo. Esto no hay por dónde cogerlo.

Doble jornada

Las mujeres, una vez que se emparejan y entran en el mercado laboral, multiplican por tres lo que trabajan en casa, teniendo en cuenta que en su período de estudiante dedican una hora y media. Porque cuando estás soltera y no hay una "mirada" sobre lo que haces de puertas para dentro, los roles de género no son tan poderosos. Pero en cuanto hay otra persona en casa, un churri, la mirada del patriarcado en él y en ti coge mucha fuerza. No lo digo yo, los datos hablan: echarse un churri es un trabajazo.

"Pero eso es por los hijos que dan mucho trabajo"... ¿Seguro? Vamos a ver qué dicen los datos:

Tiempo diario de media según tipo de hogar:

Los hombres invierten prácticamente el mismo tiempo, sea cual sea su situación. En cambio, una mujer emparejada sin hijos trabaja más que una madre soltera. ¿Cómo es posible? Parece evidente que lo que falla en la ecuación y suma tiempo de trabajo es un marido, según estas cifras.

¿Qué conclusión podemos sacar? Pues que si eres mujer y vas a tener hijos piénsalo bien, porque si lo haces sola te vas a ahorrar unos cuantos cientos de horas de trabajo.

¿Qué les pasa a los hombres? La excusa de que os han educado así ya no vale, no os escaqueéis más. Vuestra compañera no es vuestra sirvienta. Ni vosotros sois unos eternos adolescentes que dejan todo por ahí para que se lo recojan.

Las otras consecuencias

Además de hacer un trabajo de más que no está remunerado, las consecuencias de la doble jornada en la vida de las mujeres van mucho más allá. Al asumir también la responsabilidad de los cuidados, cuando crece la familia, es ella la que probablemente abandonará su carrera profesional y no el hombre. Y lo mismo ocurre cuando hay un familiar dependiente.

Doble jornada

El desarrollo profesional de las mujeres no se ve determinado por sus capacidades, sino por su contexto. A lo que hay que añadir que, aunque sus parejas se impliquen mucho, la responsabilidad de las tareas domésticas la llevan ellas. Es decir, no solo cuenta el hecho de ir al súper. Tener en mente un inventario de lo que hay en casa y lo que hace falta también es un trabajo mental agotador. Chicos, no vale con que digáis: "Hazme la lista que voy yo al súper", ¡haced vosotros la lista, que no cuesta nada! Ah, ¿que sí que cuesta? Pues eso.

Doble jornada

El aspecto económico también es importantísimo. A la doble jornada se suma la brecha salarial que te comenté antes. Es decir, las mujeres tienen menos tiempo y menos dinero.

¿Sabes lo que es la tasa rosa? La tasa rosa es que la versión femenina de los productos es más cara. Si fuéramos unas pardillas pensaríamos: "Bueno, es que quizá es más caro confeccionar ropa con cierto patrón" o "Bueno, es que quizá es más caro el envoltorio porque es más colorido". Porque, claro, estos productos son siempre de color rosa. Para que le quede claro hasta a la más tonta de la tienda. Pero no, amigas y amigos, todo lo que viene del patriarcado es intencionado. Lo ponen más caro porque saben que las mujeres se preocupan más por su aspecto, ya que les han inculcado desde el primer día de su vida que tienen que ser "perfectas". Por tanto, están dispuestas a fundir la visa con tal de que les digan lo guapas que están.

Puede que no seas tan consciente de estas cifras, y es normal; nadie va comparando estas cosas. Pero si te paras un momento a pensar, hay un ejemplo clarísimo: las peluquerías. En las de hombre, los precios (según la ciudad, claro está) por cortar rondan entre los 5 y los 12 euros, mientras que las mujeres tienen que pagar el doble. "Pero es que las mujeres llevan el pelo largo." Sí, es cierto. Pero a un hombre que va con su pelo largo no le cobran más, ni a una mujer que lleve el pelo corto le cobran menos.

¿Sabías que...?

El estudio más famoso sobre la tasa rosa es el del Instituto de Consumo de Nueva York (*The cost of being a female consumer*). En él analizaban todo tipo de productos y comparaban los precios, y llegaron a algunas conclusiones:

-Las mujeres pagan más en el 42% de los casos analizados.
-En los productos de higiene personal y ropa las mujeres pagan un 13% más.
-Los juguetes "para niñas" cuestan también un 13% más.

Los porcentajes se disparan en artículos más sofisticados:
-24% en relojes.
-61% en colonias.

Ya que estamos, te comento que eso es otra imposición patriarcal. ¿Cómo se nos va a ocurrir a nosotras ir cómodas antes que guapas? ¡Con lo bien que quedamos con una melena! ¡Qué más da que sea un currazo tenerla siempre bonita! Si aquí estamos para adornar... Por supuesto, esta no es la única imposición estética, ya comentamos antes todas las cosas que nos tenemos que hacer en el cuerpo. Así que la lista suma y sigue.

Recopilando: trabajamos en el curro y en casa, cobramos menos, nuestro tiempo libre es reducido, tenemos que comprar más productos (maquillaje, peluquería, complementos) y pagar más por ellos. Salimos perdiendo en todo. Qué sorpresa, ¿eh?

We can do it

La típica forma de animar a las mujeres es decirles: “Tú puedes con todo” o “Eres una supermujer”. Pues no, las mujeres no deben tener como requisito ser una superheroína para poder llevar una vida normal. Ser madre no debe conllevar tener superpoderes. Esas frases se han convertido en excusas para cargarles a ellas todo el trabajo y que, en lugar de quejarse, presuman de ser capaces de trabajar tanto, como si fueran merecedoras de una medalla. ¡A la mierda la medalla!

¿Cómo podemos solucionar esto? Con corresponsabilidad y conciliación. La corresponsabilidad supone que los hombres se impliquen, en la misma medida en que lo hacen las mujeres, en el mantenimiento del hogar, la crianza de los hijos y el cuidado de las personas dependientes. Por otro lado, la conciliación se refiere a la posibilidad de poder hacer compatible la vida personal con la vida laboral, tanto hombres como mujeres. En este aspecto también entran en juego las empresas, que son bastante reacias y acaban contratando a hombres que “no tienen *esos* problemas”.

Queremos poder crecer profesionalmente y tener hijos o no tenerlos, sin tener que superar una carrera de obstáculos. Que sí, que la vida va de superar obstáculos. Pero los justos y necesarios. Es decir, los mismos que tiene que superar un hombre, ni más ni menos.

Micromachismos

Muestra de violencia sutil que suele pasar desapercibida.

Micromachismos

La palabra micromachismo se ha puesto muy de moda. Normal, es fácil de usar, es hasta graciosa y tiene un componente muy "femenino": ayuda a denunciar algo, pero con una dosis de dulzura y amabilidad. Si es micro no será para tanto, ¿no? Pues sí, es micro y en ocasiones no es para tanto. Pero que esto no nos despiste. Es pequeño, pero no insignificante. Los micromachismos representan una concepción del mundo, son como la fiebre: es el síntoma de la enfermedad. Y este tipo de comportamiento, repetido una y otra vez, acaba haciendo el mismo daño.

Son imperceptibles porque están asimilados como costumbres o se confunden con una simple falta de educación, sin darnos cuenta de que las razones por las que se hacen son en el fondo machistas. Por ejemplo, el polémico *manspreading*. Este término se refiere a la forma en la que los hombres se sientan en los transportes públicos. Hasta el metro de Nueva York (que ya es decir) ha hecho una campaña pidiendo a sus clientes del género masculino que se sienten de forma adecuada, sin ocupar el espacio que pertenece a quienes van a su lado; normalmente, mujeres.

Decir que esto es una falta de educación sería lo mismo que decir que los hombres son maleducados en general, y no es así. Actúan así porque se les ha dicho que el mundo es suyo y, de alguna manera, aplican esa creencia en cualquier lugar donde se encuentren, así que "conquistan" el metro con sus patas abiertas.

Y pensarás, pero ¡esto es algo muy concreto! Nop. Es un síntoma de cómo operan los roles, de lo metiditos que los tenemos en nuestras cabezotas y de lo difícil que es deshacerse de ellos.

Vamos a buscar una situación muy cotidiana y a analizarla, algo fácil como ir a un bar a comer con la familia. Casi automáticamente, el camarero se dirige al hombre de la mesa para ver qué van a pedir, como si fuera el portavoz. Seguidamente, al traer las bebidas, su criterio para asignar las bebidas fuertes será por sexos. Si han pedido una Cola Zero y una cerveza, está claro que el tío no está haciendo dieta. Para finalizar, la cuenta se la van a entregar al que dan por hecho que es el sustento de la familia y quien va a pagar. Además, me gustaría añadir a esta situación que, si va una mujer sola o con una amiga, el "preciosa", "bonita" o "guapa" cae seguro.

Hablemos de esto último, ahora que ha salido el tema. El piropo. Por qué el piropo es machista. Primero, porque un piropo presupone la "disponibilidad" de la persona a la que se le está echando, y se dirige a las mujeres porque se asume que ellas siempre

Guía para saber cuándo decir un piropo

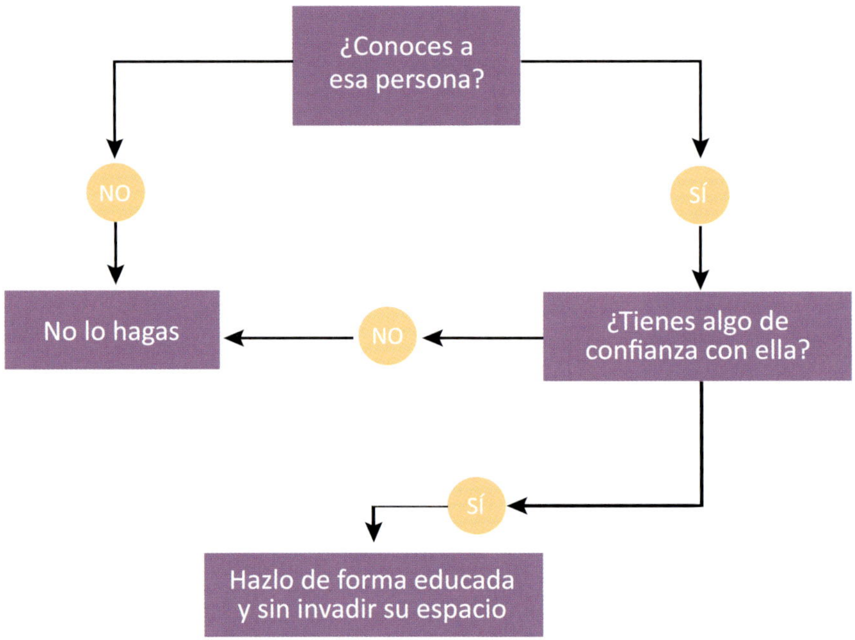

quieren agradar y están ahí para agradar. Segundo, porque si la mujer va con un hombre, no le dicen nada porque "es de él". Entonces ¿tienen que ir acompañadas para que se las respete? Eso deja las cosas bastante claras. Pero si estas dos razones no convencen, hay más. El principio solo ocurre en una dirección: de hombre a mujer. Si de verdad fuera un halago y algo inocente, ¿por qué no decirle lo mismo a un anciano o a un niño? ¿Lo ves? Ahí se destapa que no es nada inocente.

Micromachismos

El tópico del caballero que abre la puerta y cede su asiento es otro micromachismo. Al fin y al cabo, ese machismo "protector" o benevolente parte de la idea de que las mujeres son frágiles y hay que cuidarlas. Muchos se ofenden cuando ellas no quieren que les hagan nada de eso. Y al final caemos de nuevo en la pregunta: ¿Haría lo mismo con un hombre? ¿Le retiraría la silla para que se sentara o le abriría la puerta del coche? ¡Otra vez no! Pues ese trato diferente es el que criticamos.

La forma de dirigirnos o llamar a una persona también es diferente en función de su género. Primero, ¿por qué establecemos una diferencia entre señora y señorita, cuando los hombres son siempre señores (y no me vengas con señorito porque eso no se usa)? Es necesario que una mujer se case o supere un mínimo de años, algo así como una segunda mayoría de edad, para que le llamen señora. Encima, como la vejez está tan castigada, las jóvenes que son llamadas señoras se sienten insultadas. ¡Mujeres del mundo, vamos a darle a "señora" el significado que tiene! Somos señoras de los pies a la cabeza.

Por defecto, el primer apellido es el del padre, aunque parece que esto está a punto de cambiar. Se puede poner el de la madre, pero es algo que la inmensa mayoría de las parejas no se plantea, porque a ellas "les da igual". ¿Acaso son solo los hombres los que, por generación espontánea, sienten ese interés especial en que su apellido sea el que perdure?

Hasta cuando nos saludamos lo hacemos de forma diferente. Las mujeres tienen que besar y ser besadas. Otra vez la disponibilidad de nuestro cuerpo. Vaya cansancio. Encima, si ofreces la mano, quedas como la rara, a pesar de que en otros muchísimos países lo habitual es darse un apretón de manos y punto. En cambio, los hombres..., ¡por favor!, ¿van a besar ellos a otros hombres? ¡Menudo disparate estamos diciendo! ¡Eso es de gais!

La prensa también mete la pata muy a menudo. A veces tanto que su machismo es de un rancio que huele desde aquí y lo detectamos muy fácilmente, pero hay cuestiones que todavía se nos escapan. Primero, la forma de nombrar a las mujeres famosas como "la mujer de", cuando ellas incluso son más conocidas que sus maridos. Es el caso de Hillary Clinton. ¡Venga ya!, si ha sido la candidata a la Presidencia del país y ha estado todos los días en los telediarios (junto a Venezuela en Antena3). Todo el mundo sabe quién es, no hace falta decir la mujer de Bill Clinton. Y qué decir de titulares tan desacertados como "Macron, el candidato improbable, y Marine Le Pen, la niña que vivía custodiada por dóbermans". ¿Niña? ¡¿Niña?! Esa mujer tiene cuarenta y ocho años y es la líder del segundo partido más votado de Francia.

Existe una tendencia más que clara a infravalorar los méritos de las mujeres y bajarlas de estatus llamándolas "chicas" o "niñas".

Las entrevistas también suelen ir acompañadas de un micromachismo que las actrices de Hollywood empiezan a visibilizar cada vez más. Cuando van a las entregas de premios, la pregunta que les suelen hacer es: "¿Qué llevas puesto?", con la finalidad de conocer el tipo de vestido y el diseñador o diseñadora. Su forma de protestar es responder: "Un vestido, ¿no lo ves?". De nuevo, hagamos el ejercicio al revés, te imaginas a hombres siendo preguntados por lo que llevan puesto? Si a ellos les preguntan por sus proyectos y su opinión sobre acontecimientos importantes, ¿por qué a ellas no?

Entrevistando a una mujer:

¿Qué significa para ti ser sexi? ¿El amor engorda? ¿Cómo compaginas el trabajo con el cuidado de tu hijo? ¿La próxima temporada te vestirás con moda *vintage* y con colores llamativos? ¿Qué regalo te gustaría recibir en San Valentín?

Entrevistando a un hombre:

¿Qué va a hacer en el futuro? ¿Quién le inspira más en su trabajo? ¿Le incomoda el papel de líder? ¿La cultura nos hace mejores? ¿Qué piensa del panorama político nacional?

Por último, en las frases hechas y expresiones cotidianas desvelamos el machismo invisible que permanece en la sociedad. Mira estos ejemplos:

"Como una niña"

Correr, saltar, pelear como supuestamente lo hace una niña tiene una connotación negativa. Como si ellas no pudieran hacerlo bien por el simple hecho de pertenecer al género femenino. En cambio, tocar la guitarra o conducir “como un tío” es un halago.

"Eso lo será tu madre" o "Hijo/a de puta"

Es muy habitual recurrir a alguien próximo para insultar. Casualmente, la mayoría de las veces, una mujer; concretamente, la madre. Cuidadín con esto.

"Le ha quitado el marido"

¿No será que el hombre casado la ha engañado y se ha ido con otra? O, quizá, es que el esposo en realidad es de cartón piedra, como una parte del decorado de la casa, y puede llevárselo quien quiera. Sí, va a ser eso.

"A saber cómo ha llegado esa a donde está"

Lo piensen o no, sea o no verdad, analiza por qué esto jamás se dice sobre un hombre.

"Está insoportable. Eso es que le va a bajar la regla"

Monstruación. Dícese del período mensual en el que una mujer se convierte en un monstruo insoportable.

Esta y todas las circunstancias relacionadas con la biología femenina son las excusas perfectas del patriarcado para asegurar que las mujeres van a hacer peor su trabajo y que ya mejor contratan a un hombre.

"Esa lo que necesita es un buen polvo"

Sin más. Como si el sexo garantizara un estado de ánimo estupendo todo el rato y como si en la sociedad la idea general fuera que ellos se preocupan muchísimo por la satisfacción de sus parejas en la cama. A veces esta expresión se sustituye por "mal follada", más usada como insulto. Si analizamos, encima de que la pobre mujer ha quedado insatisfecha, la culpa es para ella... ¡el colmo!

"Se te va a pasar el arroz"

Vamos a decir algo que quizá te sorprenda, así que agárrate bien: hay mujeres que no quieren ser madres. Sí, tal como te lo digo. Lo del instinto maternal es mentira, si fuera instinto lo tendrían todas.

"Así no se comporta una señorita"

Ya quedamos en que todas somos señoras, ¿no? Pues esto no va para nosotras.

El día a día es el mejor escenario para combatir estos comportamientos. No debemos pensar: "Bueno, pero tampoco es para tanto" o "Son cositas pequeñas, no hay que exagerar", porque eso es lo que quiere el machirulado, y no lo vamos a permitir.

Empoderamiento

Tomar conciencia del poder de una misma para afrontar todas las situaciones de nuestra vida.

Empoderamiento

Si ya hemos quedado en que el patriarcado está interesado en mantener el poder de los hombres en todos los aspectos de la sociedad y, especialmente, sobre las mujeres, no nos sorprenderá que sea una fábrica de mujeres débiles que creen que no pueden ser independientes ni lograr todo lo que se propongan. De ahí la necesidad de empoderamiento.

A los hombres se les educa para conseguir la luna y las estrellas. El mundo está montado para ellos y dispuesto para que no se les impida llegar a donde quieran. Ellos ya saben que pueden conseguir lo que se propongan. Así que en este capítulo voy a dirigirme principalmente a ellas.

Desde siempre hemos sido educadas en la obediencia y la conformidad; en ser unas "señoritas". Que no es otra cosa que hacer lo que nos digan sin cuestionar ni rechistar. Cuando alguna se motiva y comienza a tomar el mando, se la acusa de ser una "mandona" (por ejemplo, una alumna brillante en un grupo de clase). Cuando ignora esas peticiones porque piensa que no van con ella, es una "pasota" (por ejemplo, la que no quiere maquillarse). Estos tópicos ya están rancios, señores, ¡dejémoslos ya!

Por otra parte, para neutralizar esta educación tan chunga, nos es muy difícil encontrar referentes. ¡No hay! ¿Dónde están esas mujeres pioneras y brillantes? En los libros con los que estudié yo no había ni una. Y si no las ves, será que es que no existen. Al final, empezamos a pensar: "Quizá es que nosotras no somos tan buenas...", por eso hay tan pocas mujeres con un premio Nobel. ¡MAL!

Durante toda nuestra etapa educativa no estudiamos a mujeres fuertes e independientes como modelo de conducta. La historia siempre las ha invisibilizado. No sabemos quiénes son las científicas, artistas, inventoras..., pero ¡las hubo!, solo que no nos cuentan nada sobre ellas. Charlotte Cooper, Raymonde de La Roche, Sirimavo Bandaranaike, Selma Lagerlöf, Rosetta Tharpe, Bertha von Sutter... no suenan tanto como Nikola Tesla o Albert Einstein; son unos pocos ejemplos de pioneras de las que apenas sabemos nada.

Esta invisibilización no pasa solo en el ámbito científico. En la ficción sucede otro tanto: cada vez que hay una protagonista femenina, su mayor logro es una historia de amor.

Sin menospreciar el amor, pero..., en serio, menudo logro. Eso no es algo que te ganes con tu esfuerzo, no es algo en lo que puedas demostrar tu valía o tu maestría.

En las películas, las series y los libros, pocas veces encontramos protagonistas femeninas que sean las jefas. Es cierto que las mujeres de la historia son referentes, pero a la hora de ser fans y forrar nuestras carpetas, lo que funcionan son las obras de ficción. Voy a contar a modo de ejemplo las películas de superhéroes que se han hecho:

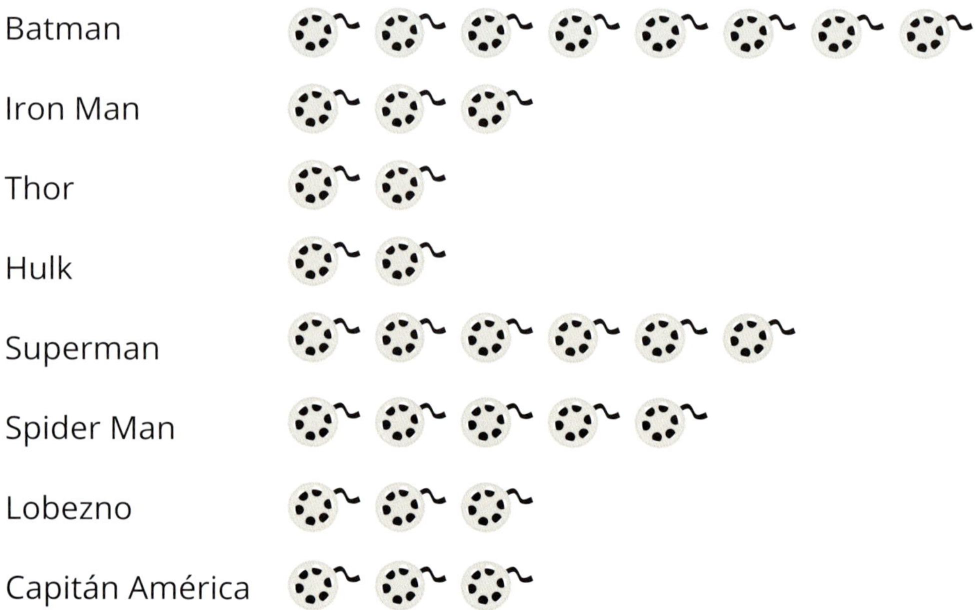

En cambio de superheroínas hay:

Wonder Woman 

¿Cómo van a empoderarse las niñas si sus referentes son princesas que lo único que hacen es sentarse a esperar que venga el príncipe?

Amigas y amigos, el ideal de Disney ha hecho mucho daño. Hay que buscar a las mujeres luchadoras y empapelar el cuarto de las más peques para que crezcan sabiendo que ellas también pueden. También hay que decirles a las que no son tan pequeñas que tienen toda la vida por delante para conseguir lo que quieran.

Por suerte, en los últimos años han aparecido protagonistas femeninas muy potentes que puedes sumar a las que ya había antes. Aquí tienes una pequeña recopilación que incluye desde las clásicas hasta las más actuales.

Empoderamiento

Lara Croft
Una cazatesoros que se apunta a salvar el mundo.

Xena
La heroína de la generación de los noventa.

Mamba Negra
No hay nada capaz de detenerla.

Lisbeth
La *hacker* más letal para el patriarcado.

Daenerys Targaryen
Su misión es recuperar el trono y liberar a los esclavos.

Katniss Everdeen
Ganó los Juegos del Hambre y lideró una revolución.

Furiosa
Puede vencerte con una sola mano (literal).

Lagertha
La vikinga más feroz y temida (¡y existió de verdad!).

Rey
No queremos ser princesas, queremos ser *jedis*.

Este conformismo tiene que terminar. No estamos aquí ni para ser las sirvientas de nadie ni para ser objetos decorativos a costa de nuestra salud mental. Nuestro camino es más duro porque nos enfrentamos a la discriminación todos los días. Así que no nos queda otra que echarle el doble de ganas.

¿Por dónde empiezo?

Una vez que somos conscientes de la opresión, es más fácil luchar contra ella. No hay una fórmula infalible para empoderarse, y menos para hacerlo de un día para otro. Por no decir que cada mujer se empodera a su manera, pero hay tres puntos claves en los que hay que trabajar mucho más. O al menos tres puntos claves que no debes dejar de lado.

Si ya te sientes invencible y la dueña del mundo, genial. Pero a tu alrededor hay una alta probabilidad de que haya mujeres con complejos que piensan que no sirven para nada. ¡Y no las vamos a dejar tiradas!

El feminismo debe ir de la mano de la amistad y el apoyo mutuo, de la sororidad. Así que, si crees que estos consejos no te hacen falta a ti, seguro que puedes aplicarlos a esa compañera de trabajo que se agobia por una dieta constante o a aquella amiga que se agarra a un clavo ardiendo porque tiene miedo a dormir sola por las noches.

Para echarte un cable he recogido unos cuantos sabios consejos que te van a resultar muy útiles.

Guía de Empoderamiento
Aprende a decir NO
Acepta tu cuerpo
Pierde el miedo a la soltería

Paso 1: Aprende a decir que no

Esto suele ser lo más difícil. Primero hay que distinguir entre quien pide un favor y quien intenta aprovecharse. Podemos fijarnos en tres cosas: cercanía, frecuencia y tono.

Si es una persona de nuestro entorno cercano, con quien tenemos confianza y nos lo pide de forma amable y puntual, entonces es un favor. Pero si es alguien del trabajo, que más que pedirlo parece que lo exige, y más a menudo de lo que debería, entonces se está aprovechando de tu habitual "sí".

Al final, tú eres la única que decide cuándo hacer o no las cosas. Los favores son necesarios, fomentan la confianza y son recíprocos. Cuanta más gente tengas para echarte una mano cuando lo necesites, mejor. Está bien rodearnos de personas amables y dispuestas a ayudar. También podemos encontrarnos en nuestro círculo a alguien que pide muchas cosas, pero que luego no hace nada. Esto último también entraría en aprovecharse.

Una vez hemos aprendido a distinguir, toca pasar a la acción y aprender a decir que no. El primer paso es levantarnos y gritar con el puño en alto:

— ¡No!

— ¡Paso!

— ¡No quiero!

Empoderamiento

— ¡Jamás!
— ¡No me da la gana!

Puedes repetir esto todas las veces que quieras, saltando y correteando por toda la habitación. Incluso cada mañana frente al espejo para estar lista antes de salir de casa.

La primera vez será la más difícil, pero tendrás tanta adrenalina en el cuerpo que estarás preparada para lo que venga. No pasa nada, al final del día estarás contentas con quien tienes que estarlo: contigo misma.

Paso 2: Pierde el miedo a la soltería

Uno de los pilares claves en la educación de las mujeres es el matrimonio. Tenemos príncipe azul hasta en la sopa, por eso muchas tienden a quedarse con la rana (habitualmente sapos) con tal de no estar solas.

El fantasma de la soltería nos persigue siempre, como si ese período fuera únicamente una estación de paso. Pero no, tan bueno es estar sola como en pareja, mientras seamos felices. Siempre han estado muy mal vistas las mujeres independientes y autosuficientes que no necesitan un hombre a su lado.

Es necesario pasar por diferentes etapas en nuestras vidas para descubrirnos a nosotras mismas; para no influenciarnos por nadie; para decidir lo que realmente queremos. Tenemos que tener clara nuestra identidad para que no se difumine con la de la persona que tenemos al lado.

Además, las mujeres heterosexuales suelen tenerlo complicado para congeniar con un hombre, por lo diferente que nos educan a los dos géneros. Y apunto: esta dificultad es proporcional a lo feminista que seas (chicos, a ponerse las pilas).

Si acabas de salir con un capullo, tómate tu tiempo. Sal con las amigas y aprende a ver la vida de otra manera. Ten proyectos nuevos, propios, inspiradores y satisfactorios. Pasa por el súper y date unos cuantos caprichos. No tengas miedo a estar sola contigo misma porque puede ser algo maravilloso.

Y recuerda... más vale quedarse para vestir santos que para desvestir gilipollas.

Paso 3: Acepta tu cuerpo

Ojalá cuando naciéramos nos enseñaran que nuestro cuerpo es el que vamos a tener toda la vida y que lo tenemos que querer tal como es. En vez de decirnos siempre que podemos adelgazar un poquito, pintarnos otro poquito, cortarnos más o menos el pelo, ponernos ese sujetador que realza más el pecho, aquel pantalón que disimula esos supuestos kilos de más...

Empoderamiento

No hay día en el que una mujer se sienta feliz con su cuerpo al mirarse al espejo. Siempre ves ese granito, ese pelo mágico que aparece donde menos lo esperas y una melena que podría tener más brillo. Pues no, no y no. Siempre estamos en una batalla constante con nuestro cuerpo. Haciendo todo lo posible por modificarlo, hasta el punto de que algunas mujeres sienten asco y desprecio por su cuerpo. Esa batalla interna se traduce en una malísima salud mental y física.

Recordemos que nuestra valía no se mide por un cuerpo aleatorio que nos dio la naturaleza, sino por nuestros méritos. Deconstruir nuestros complejos es una tarea dura, pero merece la pena.

Vamos a querernos tal como somos, porque solo hay una persona con la que pasaremos el resto de nuestra vida: ¡aquella que vemos frente al espejo todas las mañanas!

Sororidad

Alianza entre mujeres que fomenta la confianza y el apoyo.

Una de las tácticas claves del patriarcado ha sido mantener alejadas a las mujeres unas de otras. Divide y vencerás.

Las pocas que fueron capaces de ver la desigualdad antes del siglo XX no podían compartirlo, porque enseguida eran tachadas de histéricas o de problemáticas, y la rebeldía podía costar muy cara (acabar en el psiquiátrico, por ejemplo). Porque, a ver, si hay algo que nosotras vemos muy claro, pero que todo nuestro alrededor niega que exista, ¿no será que se nos ha ido la cabeza? Era muy frustrante para estas pensadoras y visionarias sentirse siempre aisladas.

Ahora no te encierran, pero tampoco es que seas menos problemática, ¿eh? Si salimos de nuestro entorno a hablar de feminismo..., nos tachan de exageradas como poco. Por suerte, suele aparecer una vocecita que dice tímidamente: "Yo también lo pienso", de la chica callada que había al final de la mesa. Somos más, y si cada vez somos más es porque la desigualdad existe y porque hay mucho camino todavía por recorrer. ¿Qué sentido tendría luchar por algo que ya tenemos?

Esta soledad que ha acompañado a las mujeres a lo largo de la historia ha hecho también que se sintieran pioneras en muchos ámbitos. Antes de que existiera internet era muy difícil encontrar a mujeres que dibujaran cómics, hicieran *rock n' roll*, tatuaran o fueran pilotos de motos. Era como la búsqueda del tesoro, había que pasar por tiendas, bibliotecas y preguntar a los frikis. Y como estos referentes no eran visibles, no actuaban como modelos que pudieran inspirar a otras mujeres a seguir esos caminos, lo que frenaba todavía más al género femenino.

La unión hace la fuerza

Esto es algo que el patriarcado sabe. Lo comprobaron cuando miles de mujeres se unieron y consiguieron el voto. Eso solo fue el pistoletazo de salida en esta carrera por nuestros derechos.

Porque esta división empieza desde el principio, por supuesto. Desde pequeñas no nos han enseñado a asociarnos para conseguir un objetivo común. Nos han enseñado a competir. Y si aún fuera para conseguir nuestros sueños, adelante Pero no. Nos han enseñado a competir entre nosotras para conseguir al hombre de nuestros sueños. El patriarcado nunca descansa.

Mientras ellos tenían objetivos más o menos diferentes –ser buenos médicos, políticos, abogados– que no implicaban competir con sus amigos, ellas tenían que deshacerse de cualquier "arpía" que hiciera peligrar su valiosa conquista: el perfecto caballero. En esta ecuación no cabía ninguna mujer más que no fuera su madre, su hermana o su prima (y cuidado con esta última e igual hasta con la anterior).

Nos han inculcado sentimientos muy negativos hacia las otras mujeres: envidia, hostilidad, superioridad, venganza... Automáticamente, cuando pasa algo, sea cual sea el asunto, pensamos que la culpable puede ser una mujer: si hay una infidelidad, la mujer se ha metido por medio; si los Beatles se separaron, fue culpa de Yoko Ono (¡venga ya!); si en una conversación varias personas sueltan comentarios machistas, el que más nos indigna es el de la mujer, porque "no hay nada peor que una mujer machista". Falso. Siempre hay algo mucho peor que una mujer machista: un hombre machista.

Estaría bien señalar que las críticas más comunes a las mujeres suelen ir relacionadas con el concepto "zorra". Los norteamericanos, que tienen la manía de ponerle nombre a todo: *manspreading*, *mansplaining*, *manterruption*..., también se lo han puesto a esto:

El *slut shaming* es básicamente decirle a un mujer que es un zorrón, haga lo que haga. Además, una sola vez sirve para marcar el resto de tu vida. Esto se centra especialmente en su apariencia física y en su vida sexual. Es mejor explicarlo con situaciones, se acusa a una mujer de ser un zorrón cuando...

- ✖ tiene relaciones de una noche: no se respeta, es una facilona.
- ✖ va "provocando" con su ropa y su actitud: zorra de manual.
- ✖ viste también de manera provocativa, pero su actitud es contraria: ¿a qué viene vestirse así si no busca nada?
- ✖ duerme con alguien, pero no quiere tener sexo: eso es calentar al personal por gusto.
- ✖ deja a su pareja y empieza a salir con otras personas rápidamente: no ha guardado luto.
- ✖ va a una revisión de examen con algún tipo de escote, falda, vestido o cualquier prenda que muestre una parte de su cuerpo: va a "camelarse" al profe.
- ✖ manifiesta curiosidad por el poliamor, relaciones abiertas o tríos: eso es de infiel potencial.
- ✖ tiene muchos amigos hombres: eso no es "lo normal", siempre quiere ser el centro de atención.
- ✖ comparten sin su permiso un vídeo suyo manteniendo relaciones: que no lo hubiera grabado.

- ✖ viste muy tapada y "tontea con todos": es una zorra disfrazada.
- ✖ viste muy tapada y no tontea con nadie, se hace de rogar: va de mosquita muerta.
- ✖ empieza a salir con una persona de otro género diferente a su anterior relación: se va con cualquiera, le da igual una cosa que otra.
- ✖ sube una foto a sus redes sociales en biquini: lo ha hecho para provocar.

Lo más importante es que estos juicios solo van dirigidos contra las mujeres, nunca contra los hombres. Y ya hemos aprendido que cuando pasa esto estamos ante un comportamiento machista.

Vamos a quitarnos toda esa basura que tenemos en la cabeza sobre nuestras compañeras. Es necesario que nos unamos en cada ámbito para poder darnos apoyo y visibilidad.

Las mujeres que reniegan del feminismo orgullosas inconscientemente buscan la aprobación del género masculino. Esa necesidad de aprobación la vivimos desde que nacemos. Es una zona de confort, nos premian con ser una de los suyos. Sí, ya, una de los suyos, claro. Una mujer no es una más en un grupo de hombres, pero sí puede posicionarse en su bando en conversaciones sobre la "guerra de sexos", para dejar clara su postura. Ya que, en caso contrario, tiene muchas probabilidades de ganarse su enemistad. No vaya a ser que te den el diploma de feminista.

No se trata de crear bandos ni de escogerlos. Se trata de crecer todos con el mismo objetivo común. Un objetivo que garantice la justicia entre todos los que formamos parte de la sociedad, que corrija los errores del pasado y que siembre el camino del mejor futuro que podamos crear entre todos.

Nunca hay que olvidar que hemos nacido en una sociedad patriarcal, y que todas las personas sin excepción hemos sido educadas con los valores machistas imperantes en ella. Es después cuando tomamos conciencia y empezamos a cuestionar las lecciones recibidas, cuando empezamos a deconstruirnos, si queréis llamarlo así. Es algo muy sano en todos los aspectos de la persona e implica ser consciente de dónde vienes y de cómo influye eso en tu manera de ser.

Entonces ¿por qué pensamos que lo peor es una mujer machista? Puede que nos duela más, porque ella también está sufriendo la opresión y no la ve. Pero es peor ser un hombre machista, por supuesto, porque él disfruta con esa situación de privilegio.

Un ejemplo claro es la política. Oímos muchas veces cosas como: "Ahora hay candidatas a la Presidencia, estaréis contentas". No, si su objetivo no es el correcto, no estamos contentas. El objetivo es eliminar las diferencias de género, raza, clase, sexualidad..., y si ese no es también el objetivo de la candidata, esa candidata no nos sirve de nada. Por muy bien que nos venga esa visibilidad, pesa más la opresión diaria que sufrimos.

La clave está en saber distinguir entre hacer una crítica con sentido porque el discurso o acto de la persona nos parece cuestionable, y hacerla porque tenemos algo en contra de esa persona por su género, raza o sexualidad. Aun así, hay un enemigo común que se hace más fuerte según se dividen sus principales oprimidos (mujeres y el colectivo LGTBI). Lo más eficaz es hacerle frente, dejando a un lado las inevitables diferencias.

Es cierto que ha habido acontecimientos que llevaron a cabo personas solas y que tuvieron un gran impacto: como las protestas de Rosa Parks, Malala o Gandhi. Pero nuestras predecesoras nos enseñaron que juntas somos más, tenemos que aprender de ellas. Las mujeres de Islandia se unieron en una huelga revolucionaria y eso ha sido fundamental para que su país sea el que tiene una brecha de género menor.

Las sufragistas sufrían el acoso por parte de la sociedad y de la policía. Juntas se hicieron más fuertes para soportar esa presión y castigos físicos como palizas, alimentación forzada y todos los abusos que os podáis imaginar. También ha pasado en otras luchas diferentes al feminismo: Mayo del 69, la Primavera Árabe, el 15M...

Una única cosa está clara: no vamos a cambiar el mundo desde el sofá. A menos que tengáis una influencia tan grande como el Papa o Cristiano Ronaldo, que desde su sofá, con un vídeo, podrían cambiar muchísimas cosas si quisieran. Pero, claro, ninguno de los dos va a leerse este libro en su vida.

En definitiva: no es lo mismo que una persona pida algo a que lo pidan miles o millones de personas en todo el mundo. El mensaje se vuelve más contundente, y más mujeres van despertando de su sueño patriarcal.

La sororidad en nuestro día a día es crear redes, hablar de cómo nos sentimos, compartir nuestras ideas, darnos apoyo psicológico. A todas las mujeres, por muy diferentes que seamos, nos une una cosa: vivimos la opresión del machismo en nuestras vidas. Unas la verán y otras no, a unas les afectará más por su contexto social, pero todas sabemos de qué hablamos. Es muy importante combatir en bloque los ataques machistas y la idea de que el patriarcado solo existe ya en nuestras cabezas.

Eso a nivel colectivo. A nivel personal podemos tomarlo como limpiar nuestra mente de la enemistad y los estereotipos dañinos que tenemos sobre otras mujeres.

Sororidad

La idea sería tolerancia cero con las injusticias: grandes y pequeñas, las suframos nosotras también o no, ocurran a nuestro lado o en la otra punta del mundo, porque,

si tocan a una de nosotras, nos tocan a todas.

Ideas para el futuro

La motivación es un elemento imprescindible para abordar cualquier reto. Sin ella, el camino se vuelve tortuoso y largo. Y el camino que nos espera hacia una sociedad igualitaria es largo, eso es seguro.

Por eso espero que todo lo que hemos estado hablando en estas páginas haya servido para despertar conciencias y daros un motivo para levantaros. No podemos dormirnos, que el patriarcado no deja nunca de maquinar nuevas estrategias chungas para hacernos la vida imposible.

Lo que más me gustaría es que este libro fuera la gota que colma el vaso. Esa gota que ha tardado mucho en caer, pero que ha conseguido que se derrame la verdad. Nadie ha nacido con una guía de feminismo bajo el brazo.

Todas y todos hemos estado dormidos ante una realidad que teníamos ahí, justo delante de nuestras narices. Ahora solo tenemos que agarrar al patriarcado por las pelotas (parafraseando al misógino presidente de Estados Unidos, Donald Trump) y patearle el culo.

Antes he esbozado algunas ideas de cómo podría ser nuestra realidad si nos pusiéramos a trabajar con ganas por un mundo mejor, más igualitario. Pero, por si me he dejado alguna idea fuera, he pensado que vamos a soñar a lo grande en este último capítulo, para completar la idea lo máximo posible. Lo ideal sería empezar ya, porque, al fin y al cabo, el futuro es ya. El futuro empieza en el presente, está en nuestras manos y tenemos la posibilidad de cambiarlo.

Y lo mejor de todo es que esta minirrevolución a nivel personal se contagia, está comprobadísimo. Cuando hablamos de feminismo en nuestro entorno, primero choca; pero a medida que pasa el tiempo, vemos que nuestro círculo de amistades cambia de mentalidad. Y que ahora nuestros amigos se convierten en voceros de la igualdad.

Tras debate y debate, se siembra una semillita que aflora con el tiempo. También pasa con otros temas que son verdades como templos, como el ecologismo o el animalismo. Te animamos a comprobar esto que te estamos contando en tu propio entorno. Y si no te funciona, te devolvemos el dinero. ;)

Para iniciar esta revolución personal podemos proponernos un camino con tres etapas:

- mirada crítica
- posicionamiento
- activismo

La mirada crítica: el paso fundamental

No podemos cambiar un comportamiento si no somos capaces de verlo antes. Aunque, como ya dije, una vez que te pongas las gafas violetas, ya no hay vuelta atrás. La pega es que muchas veces esto solo funciona con cosas "lejanas": programas de la tele, anuncios, artículos, entrevistas, comentarios de la vecina o del frutero. Pero no nos damos cuenta del machismo cuando lo tenemos delante de nuestras narices, con nuestras parejas, amistades o familiares.

Primero, hay que poner mucha atención y observar detenidamente: ¿quién limpia y cocina en casa? ¿Se reparten las tareas de forma equitativa? ¿Se escaquea alguien a menudo? Y segundo, hacer autocrítica: ¿hago yo menos que el resto? ¿Me he acostumbrado a que mi madre recoja automáticamente los platos? ¿Dejo de hacer algo porque a ella "se le da mejor"? Y así con todo.

Sobre todo se nos suele pasar por alto el tema estético. Piensa cuántas veces habéis dicho o pensado algo parecido a esto:

Ideas para el futuro

¡Es imposible que nunca hayas dicho nada de esto! Es muy habitual y, aunque lo hagamos automáticamente, no está bien. No pasa nada si tu amiga ha engordado, pasa de depilarse y prioriza ir cómoda a ir guapa... ¿Qué más da? Esto son restillos de machismo en nuestra mente, por mucho empeño que pongamos en deconstruirnos.

La clave está en empezar el proceso haciendo una autocrítica en todos los ámbitos, para no exigir a los demás cosas que aún no nos hemos aplicado.

Posicionarse: o estás conmigo o contra mí

El silencio solo da más poder al opresor. Si permanecemos al margen de las injusticias, tapándonos las orejas y los ojos, somos cómplices. Esto quiere decir que no hay término medio entre feminismo y machismo, la actitud pasiva fomenta la desigualdad.

Los machirulos tienen muchas tácticas para desmontar el feminismo. Una de ellas es decir que prefieren llamarse igualitaristas o igualistas, para "no favorecer a ningún género". Obviamente, esto no funciona. Para eliminar la desigualdad no hay que darle a todos lo mismo, hay que eliminar la brecha.

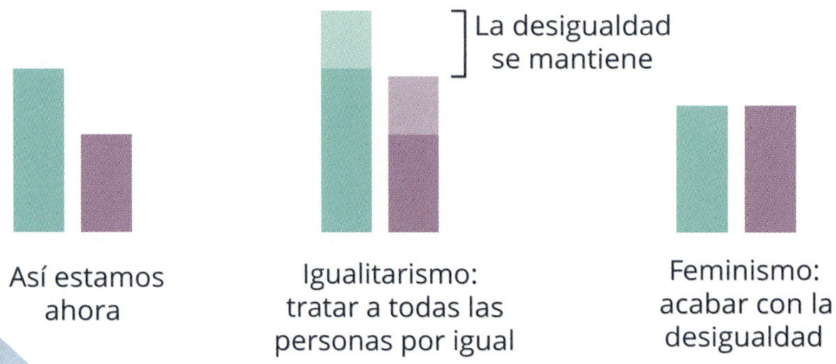

Ideas para el futuro

Hay que elegir, y elegir la desigualdad de forma consciente nos hace ser unas personas horribles. No valen las excusas de las tradiciones: “Esto ha sido así toda la vida”. Ese no es ningún tipo de argumento, porque toda la vida ha habido miles de injusticias, y lo mejor que puede hacer una sociedad es evolucionar. Sobre todo en lo que a derechos humanos se refiere.

Al final, nuestro comportamiento es un ejemplo para otros y podemos hacer mucho con pequeños actos:

- ✖ No reírnos de “chistes” machistas, racistas o que fomenten el odio contra una minoría (sí, las mujeres somos una minoría, aunque seamos el 50% de la población).
- ✖ Cambiar de canal cuando veamos que están cosificando o ridiculizando a una mujer. Y si estamos con más gente, expresar en voz alta el asquete que eso nos da.
- ✖ No compartir artículos explícitamente machistas. Cuanto más se muevan por internet, más visitas tendrán, y por tanto más ingresos. Lo más efectivo es hacer un pantallazo y pedir a los anunciantes que retiren su publicidad de ese tipo de medios.
- ✖ No elegir regalos en función del género (las herramientas para papá y la batidora para mamá).

Ideas para el futuro

- ✖ Cuestionar y comentar los comportamientos machistas que detectemos a nuestro alrededor.
- ✖ Estar alerta: pasar el Test de Bechdel a una peli antes de recomendarla.

Test de Bechdel

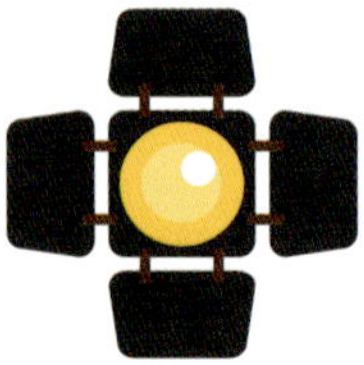

- ✓ Aparecen al menos dos personajes femeninos importantes
- ✓ Hablan entre ellas
- ✓ Y hablan sobre algo que no sea un hombre

Apoyar activamente el trabajo de las mujeres

Lo anterior son gestos cotidianos que pueden hacer mucho, pero siempre podemos hacer más. Hay que implicarse de forma activa para conseguir algo, la inercia lleva a la desigualdad.

En las novelas de distopías se habla de una sociedad de borregos en manos de grandes corporaciones corruptas y gobiernos comprados, con una rutina automatizada y voces sintéticas que nos animan a consumir. Un mundo donde las emociones se expresan a través de una pantalla y las personas son esclavas de sus redes sociales. Lo que nunca cambia en esas historias es el machismo, ¡qué casualidad! ¿Realmente estamos tan lejos de la realidad?

¡Vamos a convertirnos en la resistencia! Podemos hacer todo esto:

- Ir al cine a ver pelis creadas por mujeres. El techo de cristal en la industria del cine deja cifras escalofriantes: menos de un 5% de obras dirigidas por ellas.
- Buscar bares y cafeterías dirigidos por empresarias. En los últimos años han abierto sobre todo librerías café, donde se suelen organizar charlas muy interesantes.

Ideas para el futuro

- Ir a jornadas y eventos sobre mujeres y feminismo. Los hay en todas las ciudades y en todas las épocas del año. Además de escuchar las experiencias de otras mujeres, es un punto de encuentro para compartir nuestros ideales.

- Leer todo lo que podamos sobre las olvidadas de la historia, y transmitir este conocimiento. Es una pena que ya no se regalen libros.

- La prueba de fuego: liberarnos de la opresión sobre nuestros cuerpos. ¿Nos depilamos, nos pintamos y embutimos en vestidos y nos subimos a unos tacones porque queremos o porque somos incapaces de no hacerlo? Podemos pensar que estamos empoderadísimas y a la vez no poder salir sin maquillaje. No estoy diciendo que esto sea malo, porque al fin y al cabo crecemos con estos códigos en la sociedad y no podemos borrarlos de un plumazo. Pero estaría bien distinguir cuándo lo hacemos porque nos apetece y cuándo por obligación. Esto es facilísimo de comprobar, solo hay que dejar de hacerlo. Prueba a salir un par de semanas con vello en las piernas. Si puedes: genial; si no..., trabajemos un poco más en querernos tal como somos.

La sociedad no va a cambiar si no cambiamos las personas primero. Además hay que pensar en las próximas generaciones. Ninguna de las personas que estamos aquí ahora vamos a ver un mundo igualitario. Pero si nuestras predecesoras hubieran pensado así, nosotras seguiríamos sin votar.

La educación es un pilar básico para la igualdad. Aunque pensemos que va muy lento, que solo hay pequeños cambios, hay que preguntarle a nuestras abuelas, las que vivieron la opresión más fuerte. Seguro que el hecho de poder abrir un negocio o no tener que casarse por obligación no son cambios tan pequeños para ellas.

En el futuro, las mujeres mirarán atrás y nos darán las gracias por las victorias conseguidas, igual que lo hacemos nosotras ahora con las victorias pasadas.